1990—2015

上海陆家嘴金融贸易区规划和建设丛书 COLLECTION OF SHANGHAI LUJIAZUI
FINANCE AND TRADE ZONE PLANNING AND CONSTRUCTION

梦缘陆家嘴

LUJIAZUI: WHERE ALL DREAMS BEGIN

第五分册 建设成果

Volume V Construction Achievements

上海陆家嘴（集团）有限公司
上海市规划和国土资源管理局　编著

中国建筑工业出版社

编委会

寄语陆家嘴

（浦东开发以来主要领导寄语，以在浦东任职时间先后排序）

沙　麟（1990年5月初任上海市人民政府浦东开发办公室主要负责人）

　　开发浦东的目标是建设一个全新的上海，它不是加一块，更不是单纯地疏解浦西的压力，而是以一个新的浦东的开放为契机，真正形成一个西太平洋的金融、贸易和多功能的城市明珠。浦东的开发必须而且是首先要开放浦东，而开放浦东，必须深化改革。浦东的新的格局、新的改革被突破，会带动整个上海的一个全新的机制，现在浦东的问题还不是一个给优惠政策的问题。我认为，单纯地给优惠政策所具有的作用是有限的，更重要的是像保税区、土地批租、允许经营第三产业，尤其是投资基础设施、外资银行进来可以发行股票、进行证券交易等等，使我们经济运行机制有一个新的格局。（摘自《沙麟：亲历上海对外开放》）

杨昌基（1990年5月任上海市人民政府浦东开发办公室主任）

今年是陆家嘴公司的二十五周年寿辰，我真挚地向你们表示祝贺。

二十五年来，公司从艰苦创业到茁壮成长，公司的领导和全体职工以忘我劳动赢得辉煌的胜利成果，我衷心地向你们致敬。

二十五年来，你们为浦东开发作出了巨大贡献，已经载入了浦东开发的史册，人们会永志不忘的。

如今，中央和市、区领导又交给你们新的重要任务，我为你们高兴，也相信你们一定能再立新功、再创新的辉煌。

陆家嘴集团公司从来都很重视史料的收集整理工作，已经出版过几个丛书和画册，2013年开始又筹备了另一套丛书，我认为这些都很有意义。希望能订定一些制度，一代又一代的坚持和发扬。

出版丛书和画册是一项重要的工作，它如实反映实际情况。而另一方面更重要的是科学总结经验教训，使"实践—认识—再实践—再认识"的不断深化和提升。这比编写丛书和画册更具有指导今后工作的重要意义。编写丛书和画册只是"知其然"，总结经验则是"知其所以然"。我认为陆家嘴集团公司可以为自己或他人共享的应该是"授人以鱼、不如授人以渔"。陆家嘴有陆家嘴的客观条件，当初的客观条件现在也已发生了变化，自己和他人都不能照抄照搬当时的某些经验。而总结经验则是"日新、日新、日日新"的面向未来的重要基本素质。要青春常驻就要求我们不断地加强学习，提高善于总结经验的本领。这件最难最重要的任务，我认为陆家嘴集团公司应该已具备了较好的条件。而中央、市、区领导交给公司的新的重要任务也更加迫切地要求公司在总结经验的基础上，以新的思维和精神状态确立新的工作目标、新的人员素质、新的工作效率，才能圆满地完成。

万事开头难，党的十八大以来，首先是总结了经验教训，经过顶层设计全面制定了新政，吹响了全面复兴中华民族的号角。习近平总书记深入浅出地作了许多讲话，其实都是经验的总结，所以大家越读越爱读。我们在认真总结经验时，可以从中吸取许多智慧。特别是其涉及城市建设和规划的有关片段，对我们从事开发、规划和建设的工作的人感到更为亲切。

　　浦东开发和陆家嘴集团公司创业初期都很难，但是后来的转型和规划建设都要比初创更有难度，今后的任务则比过去25年会更难。因为能否"华丽转型"、"华丽转身"也都有"万事开头难"的过程。我们从事过首创时期工作的人们，不要去迷恋过去初创时期的"难"的历史和光荣，而是要总结初创时期的"经验和教训"，去理解后继工作人员的难在哪里，不论"先创者"和"后建者"都把心思放在如何使今后更美好上，因为他们的心本来就是相通的。

　　习近平总书记的讲话中提到提升城市和提升城市基础设施的质量以及适度超前、适度留有余地等问题，也提到城市建设为经济服务、为人民生活服务；以及绿山青水和金山银山的相互关系等方面。短短几句话，讲出了极深刻的哲理，都是值得我们认真学习和深思的。陆家嘴（集团）公司初创期间规划和建设的目标是国际一流现代化城市，是开发浦东、振兴上海、服务全国、面向世界。而现在的目标提升了，要求成为全世界的金融贸易中心、科技创新中心，原来是基本一张白纸，可以画成美丽的图画，但由于目标提升了，要在建成的城市建设格局上再提升基础设施的质量和数量，加上弥补原来规划和建设造成的人民生活设施上的欠账，显而易见是非常困难的。我们如何去"知难而行"呢？就得靠群策群力，激发更多方面的积极因素去"心往一处想，劲往一处使"，努力促其圆满解决。当年浦东人民编演的话剧"情系浦东"使很多人感动得流下了热泪，我至今记忆犹存。"情系浦东"不只是浦东的梦，它是和中国梦、民族梦、人民的梦紧紧相连的"梦"，也是"陆家嘴的梦"，这个梦现在还在路上！

杨昌基
2015年6月3日

夏克强（1991年8月任上海市人民政府浦东开发办公室主任）

　　我在浦东开发办工作的一年，是令我终生难忘的一年。想起那紧张、高效的岁月，我至今仍感受颇深。

　　在起步阶段，浦东新区就紧紧瞄准世界一流城市的目标，建设具有合理的产业发展布局、先进的综合交通网络、完善的城市基础设施、便捷的通信信息系统和良好的自然生态环境的现代化城区。

　　我到浦东开发办时已经有了一批政策文本，后又制定了一些新的法规条文。对此要进一步加以细化和完善，抓紧制定社会经济发展和能够体现一流城市水准的总体规划。做好详细规划的超前准备工作和开发建设规划的应急制定工作，及时向中外投资者提供相关资料。同时，简化外商投资审批程序，提高办事效率，为外商投资提供"一条龙"服务，切实改善投资"软"环境。（摘自《2号楼纪事/难忘的一年》）

赵启正（1993年1月任浦东新区管委会主任、党工委书记）

　　今天中共上海市委浦东新区工作委员会和浦东新区管委会同时成立了，这标志着浦东新区的开发开放又翻开了新的一页。

　　回顾历史，开发浦东曾是几代人的夙愿，但是都未能付诸行动。只有贯彻执行了邓小平同志所创导的建设有中国特色的社会主义理论之后，才使开发开放浦东成为现实，浦东大地上才能开始发生历史性的伟大变化。

　　十四大报告指出，以上海浦东开发开放为龙头，进一步开放长江沿岸城市，尽快把上海建成国际经济、金融、贸易中心之一，带动长江三角洲和整个长江流域地区经济的新飞跃。刚刚闭幕的上海市第六届党代会又以浓重的笔墨描绘了浦东新区光辉的未来和开发浦东的指导方针。（摘自1993年1月1日赵启正同志在浦东新区党工委、管委会正式挂牌仪式上的讲话）

周禹鹏（1995年12月任浦东新区党工委书记、1998年2月兼任浦东新区
　　　　管委会主任）

在陆家嘴建设国际化的现代金融贸易区，是开发浦东、振兴上海、服务全国的重大战略举措。在全国、全市人民的大力支持和参与下，经过上世纪90年代的拼搏和开发建设，陆家嘴地区的形态、功能发生了质的飞跃，知名度不断提高。特别是去年的APEC盛会，以及1999年的财富论坛上海年会，更是陆家嘴成为上海国际化大都市的重要标志。

我相信，二十一世纪第二个十年的陆家嘴金融贸易区新一轮开发建设，必将以更新的视野进行规划，更新的步伐向前迈进，并必将以更新的神韵和面貌展现在世人面前。

周禹鹏

2015年8月30日

胡　炜（1993年1月任浦东新区管委会副主任、2000年8月任浦东新区区长）

　　二十一世纪的头二十年，对我国来说，是一个必须紧紧抓住并且可以大有作为的重要战略机遇期。对上海来说，今后二十年，是建成社会主义现代化国际大都市和国际经济、金融、贸易、航运中心之一的关键时期。浦东开发开放进入了全面建设外向型、多功能、现代化新城区的新阶段，浦东新区在上海建设世界城市的进程中担负着重要的责任，要进一步发挥浦东改革开放的体制优势，围绕上海建设国际金融中心的目标，基本建成陆家嘴中央商务区，形成中外金融机构、要素市场和跨国公司总部（地区）的高度集聚以及比较完备的市场中介和专业服务体系。（摘自2003年浦东新区政府工作报告）

姜斯宪（2003年2月任浦东新区区委书记、区长）

　　陆家嘴金融贸易区是上海在过去二十五年中最令人叹为观止的发展成就之一。其中，尤以其高起点的规划、高品质的建设和对陆家嘴软功能开发为各方称道而载入史册。我坚信，陆家嘴金融贸易区将在提升上海乃至中国的核心竞争力方面持续发挥加速器的作用。我祝愿陆家嘴集团再攀新高，再创辉煌！

姜斯宪

2015年5月8日

杜家毫（2004年5月任浦东新区区委书记）

　　陆家嘴是中国改革开放的象征和缩影，是中国道路、中国力量、中国精神的体现和标志。它不仅是浦东人的骄傲，也是每一位中国人乃至全球华人的骄傲。我坚信在实现"两个一百年"的中国梦的进程中，陆家嘴一定能够奏响无与伦比的华美乐章。

杜家毫

二〇一五年 五月十一日

张学兵（2004年5月任浦东新区区长）

以陆家嘴金融贸易区为主要载体，以资源集聚和金融创新为抓手，推动以金融为核心的现代服务业快速发展，努力做好加快自身发展和服务全国两篇文章。发挥浦东要素市场集聚、资源配置能力强的优势，为国内企业走向国际市场提供便捷的服务。用好鼓励大企业在浦东设立地区总部的政策，支持国内企业把浦东作为拓展国际市场的基地。（摘自2005年浦东新区政府工作报告）

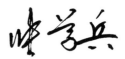

徐　麟（2008年2月任浦东新区区委书记）

　　在"十二五"期间，我们通过全力推进十大工程建设再打造一批以金融为主的机构入驻的载体是非常必要的，与此同时，也还更要体现陆家嘴的深度城市化，要按照"以人为本"的理念，更好地营造一个适合在这里工作、生活、娱乐、休闲、文化和购物的良好环境。未来的发展，不仅仅是一个办公楼宇的量的释放，同时还伴随着深度城市化的进程，在配套设施、城市功能的进一步提升和完善上更下功夫。今天所介绍的十大工程，其实都是综合性的，不仅仅是办公功能，也是相关的文化、商业等其他配套的供给。我们要坚持做到这两者的有机结合，不断地在载体建设和环境优化上、在城市功能的提升和完善上尽到我们的努力。（摘自2012年5月14日陆家嘴金融城十大重点工程建设推进大会上的讲话）

李逸平（2008年3月任浦东新区区长）

　　陆家嘴作为国家级的金融贸易开发区，要着力营造良好的金融发展环境，不断提升上海国际金融中心核心区功能。要切实解决办公楼宇用餐难等"三难"瓶颈问题，积极创新理念、完善规划、加快实施，进一步提高陆家嘴地区生活服务综合配套水平，吸引更多的金融机构、人才集聚。对于陆家嘴金融区东扩，要不断完善规划，突出规划的引领作用，努力促进要素集聚和功能优化。陆家嘴集团公司要继续发挥好开发区建设主力军的作用，紧紧围绕"金融聚焦"的战略目标，探索创新发展模式，不断改善陆家嘴金融生态环境。（摘自2008年5月4日在陆家嘴公司调研时的讲话）

2015.5.7

姜　樑（2009年5月任浦东新区区长）

　　今后，我们仍然要注重金融中心核心功能区的建设，以金融市场体系建设为核心，以功能提升为导向，以陆家嘴金融城为主要载体，以先行先试、机构集聚、空间拓展、环境配套等为主要抓手，积极争取金融创新，推动证券、期货、产权、股权等要素市场拓展功能、提升能级，完善多层次金融要素市场体系。要继续大力引进高能级金融机构，争取大型国有商业银行在浦东设立第二总部，争取金融业增加值占地区生产总值的比重达到20%左右。要继续大力提升金融城的品牌知名度和影响力，加快推进上海中心等重点楼宇建设，完善商业、文化等综合服务配套功能。（摘自2012年浦东新区政府工作报告）

姜樑

沈晓明（2013年5月任浦东新区区委书记）

　　浦东是国家改革开放的旗帜，是国家战略的集中承载地，党中央和市委、市政府对浦东寄予厚望。浦东应改革而生，因改革而兴，过去浦东的成就靠改革，今后浦东的发展还要靠改革。目前浦东正处在二次创业的新时期，分水岭就是两区合并。我们推进浦东二次创业，只有把改革这个看家本领传承好、发扬好，二次创业才有坚实的基础，二次创业的目标才有可能完成。（摘自2014年3月浦东新区区委常委会讲话）

沈晓明

孙继伟（2013年10月任浦东新区区长）

　　围绕"四个中心"核心功能区建设，创新陆家嘴金融城管理体制机制，拓展金融城发展空间，推进金融机构集聚，优化金融发展环境，支持航运金融、航运保险、海事法律等高端航运服务业发展，促进高能级跨国企业总部集聚，创新监管模式，主动承接自贸试验区在金融、航运、贸易等方面开放创新的溢出效应，加快要素资源集聚，增强核心枢纽功能，提升全球资源配置能力。（摘自2014年浦东新区政府工作报告）

孙继伟

编者序

浦东开发开放至今已走过25年历程。过去25年，如果将中国比作全球增速最快的列车，上海浦东无疑是最为强劲的发动机之一；而陆家嘴，堪称其中设计最为精巧的"核心部件"。它身负重任，历经打磨，日渐散发出巧夺天工的光彩和磁石般的引力。

一切，都源自敢于"做梦"。20世纪80年代初，上海对改革开放、对浦江东岸的开发跃跃欲试，"吃不到饼就先画饼"，规划、建设的蓝图开始涂上梦想的底色。1990年4月18日，党中央、国务院在上海宣布了开发开放浦东的决策，至此，原本充满地缘情结的"上海梦"、"浦东梦"，一跃上升为国家战略，承载着国强民富的"中国梦"。作为全国唯一以"金融贸易区"命名的国家级开发区，陆家嘴的"金色梦想"，也就此起航。

以今人的眼光审视陆家嘴，也许并不完美。但追溯至25年前，那"无中生有"的魄力，敢想敢做的担当，科学周密的论证，注定给后世留下一份惊叹。规划方案面向全球征集，最终没有照搬照抄其中任何一个，而是结合各方案之长，因地制宜，描绘出一个属于陆家嘴自己的"梦想空间"。一如陆家嘴的梦，从懵懂到清晰，不变的，是那份激情与荣光。

最初参加过陆家嘴规划方案征集的英国建筑设计大师理查德·罗杰斯也曾感慨，没想到中国人能对国外设计方案当中的理念理解得这么好，也没有想到他们能把各家的优点结合起来，并运用得这么巧妙，令人刮目相看。这位被业界奉为"教科书"式的大师还大胆断言，世界城市规划的教科书上很快就会出现中国的东西。

桃李不言，下自成蹊。改革开放总设计师邓小平当年的寄语："抓紧浦东开发，不要动摇，一直到建成"，像一面鲜明的旗帜，不仅牢牢地印在陆家嘴的地标建筑外墙上，更深深地镌刻在每一个参与这片热土规划和开发建设者的心中。他们，脚踏实地，不忘初心，一步步朝着梦想前行。

Preface

The opening and development of Pudong District, Shanghai has been going on for 25 years. In the past 25 years, Pudong has doubtlessly been one of the most powerful engines propelling China, the fastest train that runs among the global machines. Lujiazui Area is the most delicate part that has ever been designed of this engine. It bears on its shoulder a great task that through times has burnished this part to its glorious splendor and mesmerizing charm.

It all started because of a daring dream. Back in the early 80s of the last century, Shanghai adopted the reform and opening-up policy and started to develop the east bank of Pujiang River, later called Pudong District. Everything was built from scratch with the blueprint of planning and construction beginning to shape up. On April 18th 1990, Party Central Committee and State Council issued a policy of developing and opening-up of Pudong District. From that day onward, the local "Shanghai Dream" and "Pudong Dream" up-scaled to a national strategy, carrying the Chinese dream of strengthening the nation and improving people's livelihood. Being the only national development zone as a financial trade area, the vessel of Lujiazui sailed to its golden dream since then.

From today's point of view, Lujiazui may not be the prefect area in terms of its planning and development. But the fact that it took enough courage and wisdom to realize the dream 25 years ago would always startle generations to come. The planning projects were collected from all around the world. Instead of adopting a single project, the final plan took different advantages of each project in accordance with local conditions, yielding to a unique dream space of Lujiazui. With the outline starting to shape, passion and glory never receded.

Richard Rogers, the world-renowned English architect who was one of the many architects participated in Lujiazui planning project, never thought the Chinese would thoroughly understand the concepts in foreign projects, nor that they would even combine all the advantages from different ones to come up with a more refined one. He then predicted that in the near future the Chinese projects would be introduced in the global urban planning textbooks.

As a Chinese idiom goes, a trust-worthy and loyal man attracts admiration. Deng Xiaoping, the general designer of the reform and opening-up policy, once suggested that governments should spare no efforts to carry out the development of Pudong District until its completion. His words are not only just some banners that are painted on the façades of

正是因为他们的执着与奋进，才让今日陆家嘴的繁华与绚丽成为可能。

从单一到融合，从园区到城市。黄浦江畔的这片热土，见证了一个时代的变迁，一座"金融城"的崛起。今天的陆家嘴，作为上海建设国际经济中心、金融中心、贸易中心和航运中心的核心功能区，集聚效应突显，直入云霄的天际轮廓线与"站立的华尔街"美名，深入人心，不仅是中国改革开放的样本和标志，更以傲人的姿态参与全球竞争。

当梦想照进现实，所有的心血和付出，意义非凡。把逐梦的点点滴滴，留存、记取，仿佛一个个清晰的脚印，可供后人追寻、思考。这，也是本套丛书诞生的初衷。

15年前，上海陆家嘴（集团）有限公司就曾与上海市规划局合作，编辑出版了《上海陆家嘴金融中心区规划与建筑丛书》，忠实记录了陆家嘴梦想蓝图的诞生经过；15年后，1.7平方公里的"陆家嘴中心区"长成31.78平方公里的"陆家嘴金融贸易区"，经济、金融、贸易等复合功能突显，政企再度携手，推出本套《梦缘陆家嘴——上海陆家嘴金融贸易区规划和建设丛书》，继续秉承亲历者编写的宗旨，以约300万字、图文并茂的形式，还原一段为梦想而亦步亦趋、精耕细作的历程，回答一个"陆家嘴何以成为陆家嘴"的问题。

第一册**"总体规划"**，详细记录了陆家嘴金融贸易区规划编制的历程及演变、陆家嘴金融贸易区规划的意义、经验和思考；

第二册**"重点区域规划和专项规划"**，将陆家嘴金融贸易区重点功能区域规划和交通、基础设施、城市景观、立体空间等规划、城市设计和盘托出；

第三册**"开发实践"**，生动讲述了以上海陆家嘴（集团）有限公司为开发主力军，滚动开发陆

landmarks in Lujiazui, but also etched in the minds of each and every person who took part in the process. They had always been keeping a humble heart towards their dreams. It is due to their devotion and endeavor that Lujiazui can see its own prosperity and splendor now.

From industrial parks to the entire city with gradual integration, Pudong District witnessed the change of an era and the rise of a financial town. As a major function zone integrated with international economic center, financial center, trade center and shipping center in Shanghai, Lujiazui nowadays shows strong aggregation effect. Skyscrapers in this area give it the name Standing Wall Street, which echoes with every one's heart. All its achievements, setting as examples that mark China's reform and opening-up policy, enjoy great competitiveness among global markets.

When dream finally came true, all the dedication and hard works were doubtlessly of great significance. It is the very goal of these volumes that records every step along the way that leads to the dream so that they can be seen by later generations.

15 years ago, Shanghai Lujiazui Development (Group) Co.,ltd. and Shanghai Planning Bureau co-published a series Shanghai Lujiazui Finance and Trade Zone Planning and Construction which recorded in detail the entire process of how Lujiazui's blueprint was being born. The 1.7-square-kilometre Lujiazui Central District now grows to 31.78-square-kilometre Finance and Trade Zone integrated with economic, financial and trade functions. The government works with corporations again to publish this new series *Lujiazui: Where All Dreams Begin-Collection of Shanghai Lujiazui Finance and Trade Zone Planning and Construction*. Just like the former series, this one is also written by the participants who take part in the course. About 3-million words along with pictures restored the entire process of inexhaustible devotion and delicate designs, all of which are answers to why Lujiazui being the Lujiazui today.

Volume I, *Overall Planning*, gives the planning process of Lujiazui Financial Trade District, its evolution, significance, experiences and thoughts in detail.

Volume II, *Key Area Planning and Subject Planning*, introduces planning of key functional regions, as well as of

家嘴的"筑梦"经历；

第四册**"功能实现"**，利用详尽的数据和图表展现了陆家嘴围绕"四个中心"建设目标而实现的复合功能及城市形态和经济社会发展成果；

第五册**"建设成果"**，则选取最能反映城市形象变化的楼宇、道路和景观雕塑等建设成果，勾勒陆家嘴金融贸易区独特的气质和神韵……

这里，永远是梦开始的地方，追梦的脚步永不停歇。

2015年初，中国（上海）自由贸易试验区"扩区"，陆家嘴金融贸易区纳入其中；在上海市新一轮总体规划编制中，提出上海要在2020年基本建成"四个中心"和社会主义现代化国际大都市的基础上，努力建设成为具有全球资源配置能力、较强国际竞争力和影响力的"全球城市"。为打造中国经济升级版，陆家嘴作为核心功能区责无旁贷。

抚今追昔，展望未来。一个更加美好的陆家嘴，渐行渐近……

更多的惊喜，未完待续……

杨小明　庄少勤

2015年9月

transportation, infrastructure, urban landscape, stereoscopic space.

Volume Ⅲ, *Development and Practice*, is about the experiences of realizing the Lujiazui dream that was led by Shanghai Lujiazui Development (Group) Co., Ltd.

Volume Ⅳ, *Function Implementation*, lays out Lujiazui's multi functions of international economic center, financial center, trade center and shipping center, as well as the achievements of urban morphology, economic and social development.

Volume Ⅴ, *Construction Achievements*, outlines the distinctive quality and charm of Lujiazui Financial Trade District reflected on the buildings, roads, views and sculptures.

Here is the place where all dreams begin. The steps of seizing them never cease.

In early 2015, China (Shanghai) Pilot Free Trade Zone included Lujiazui into its map as the expansion goes. The undergoing Shanghai's new overall planning states that on the basis of form up the four centers in 2020, Shanghai will strive to build a global city with strong international competitiveness and influence and the capability of global resource distribution. To promote China's economy to a new high, Lujiazui bears unshakable responsibility as a major functional district.

Looking into the future with the recollection of the past, a better Lujiazui is bound to happen.

More surprises are about to come.

Yang Xiaoming, Zhuang Shaoqin

September, 2015

概述

从1990～2014年，整整25年，经历了四分之一个世纪，在上海黄浦江以东的这片土地上发生了神奇的变化。城市面貌每天都在变化，城市高度每天都在增长，城市形象每天都在更新。

本册选取了最能反映城市变化的楼宇、道路和景观雕塑这3项内容，重点说明了浦东新区陆家嘴金融贸易区是怎样走过这25年的开发过程的。在建筑楼宇方面，首先收集整理了近200个建设项目，汇总统计了项目的区域位置、项目名称、建设规模、高度、层数、建设单位、设计单位和建设竣工年份等11项指标，形成了各个功能区域的汇总分表，以及相应的建设项目在各个功能区域的位置示意图，为形象了解陆家嘴金融贸易区的楼宇建设提供了一份相对完整的基础资料。同时，根据浦东新区行政体制的演变，1992年以前的浦东开发办，2000年以前的浦东新区管理委员会，到2000年以后的浦东新区政府，以及2009年浦东、南汇合并后的浦东新区，分阶段汇总整理了在各个历史阶段建成的100幢楼宇建筑，更加直观地展现了陆家嘴金融贸易区域内楼宇建筑的发展过程，为记录和研究不同历史时期的改革开放、经济建设重点和成果，提供了有效的基础资料。

在城市道路方面，本册选取了在过去25年里对陆家嘴金融贸易区开发建设起到非常重要的作用的7条道路。这其中包括陆家嘴地区原有和扩建后的浦东大道、浦东南路，包括多次改线、扩建的杨高路、东方路、张杨路，也包括全新建设的世纪大道和龙阳路内环线快速干道。这些重要道路都承担了陆家嘴区域开发和建设的重任，同时也承担了整个上海浦东与浦西地区交通联系的主要功能，为浦东陆家嘴地区城市建设和更新提供了重要的基础设施保障条件。

　　在景观雕塑方面，选取了代表浦东陆家嘴地区功能开发与环境建设同步推进的5项重大景观工程和相应的城市雕塑。这些大型景观项目，都是严格按照浦东新区陆家嘴金融贸易区的总体规划、控制性详细规划，结合城市功能的改造和开发而规划设计的，并在建设初期建设资金、动迁政策、国际环境、建设能力等各方面严峻的考验下，克服巨大困难后逐步实现的。到今天为止，这些重要的景观项目均已建成，不仅为浦东市民，也为上海市民在重大城市更新建设的同时又提供了一个非常优美、舒适和谐的自然环境，成为近年来城市核心区域大规模更新建设的新典范！

　　特别值得说明的是，本册中的大部分照片来自专业摄影师的专门拍摄，其中，上海陆家嘴（集团）有限公司的姚建良，在这25年中运用自己的镜头，坚持不懈地记录下了在这片土地上发生的巨大变化。他采用了"定点、连续"摄影的方法，通过固定角度的持续拍摄，将一幅幅静态的照片，把25年间的变化瞬间连续了起来，使得读者可以轻松地通过一幅幅连续的照片，看到浦东开发25年来陆家嘴金融贸易区是如何一点一滴的建设形成的！姚建良谓之的"摄影工程"，已经坚持了25年，相信他还会继续拍摄下去。相信所有的陆家嘴建设者们，都会像他那样为陆家嘴金融贸易区的明天，为浦东新区的未来继续坚持下去的。

　　谨以本册的成果，向浦东新区、向陆家嘴金融贸易区的开发建设者们致敬！

　　因年代久远，建设单位变化、初期资料失散和出版时间紧迫等原因，本册中的项目数据、名称、文字和统计口径可能发生不同程度的偏差、缺漏和错误之处，敬请读者一并予以谅解。

目录 Contents

寄语陆家嘴

编者序

概述

第一章　陆家嘴金融贸易区25周年规划开发图录

第二章 陆家嘴金融贸易区25周年建设成果

第三章　陆家嘴金融贸易区25周年建设项目
　　　　汇总表（2015年3月止）

后记

第一章

陆家嘴金融贸易区 25周年规划开发图录

第一节　陆家嘴金融贸易区的总体位置

　　1990年，中国政府宣布浦东开发开放，并批准建立了中国唯一的以"金融贸易"命名的陆家嘴金融贸易开发区。该区域位于最靠近浦西外滩的黄浦江东侧，其北侧和西侧以黄浦江为界，东侧和南侧以龙阳路和罗山路为界，占地范围约为31.78km^2。2009年，浦东新区与南汇区合并，陆家嘴金融贸易区仍是浦东新区的重点建设区域。

| 1 | | 1　上海市浦东新区总体规划图（1996年） |
| 2 | 3 | 2　陆家嘴金融贸易区在上海市的区域位置示意图（1994年10月）
3　上海市浦东新区（浦东南汇合并）总体规划修编（2010年） |

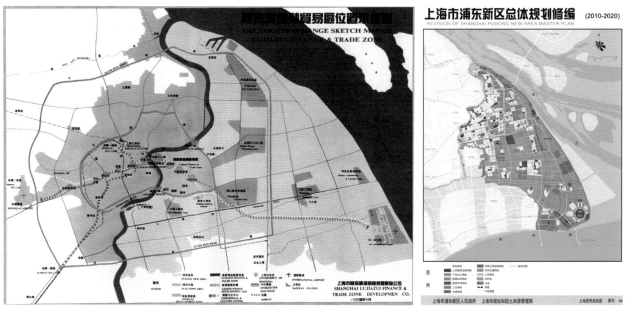

第二节　陆家嘴金融贸易区的规划开发

随着20世纪80年代以来上海市中心人口和产业的转移，陆家嘴金融贸易区的开发实际上是旧城改造和城市功能更新的过程。为了与浦西外滩共同形成上海市的金融核心区域，因此首先把最接近浦西的陆家嘴中心区划定为陆家嘴金融贸易区的核心区域，进行整体动迁和整体规划，并根据金融贸易区的商贸服务功能、行政文化、居住配套等功能的需要，结合陆家嘴金融贸易区内当时可以利用的土地，划定了陆家嘴中心区、竹园商贸区、新上海商业城、花木行政文化中心区、新国际博览中心区及周边地区等重点开发区域。

陆家嘴金融贸易区内实际的规划开发范围也从1991年的1号、2号、3号地块，逐渐演变成1992年5月的"飞机图"，进而形成了1995年4月的陆家嘴金融贸易区开发规划示意图，直至最终划定了6.47km²作为陆家嘴公司的开发范围。这也是浦东新区四大开发区域之中唯一一个开发区域行政规划范围（约31.78km²）远远大于开发范围（约6.47km²）的区域。

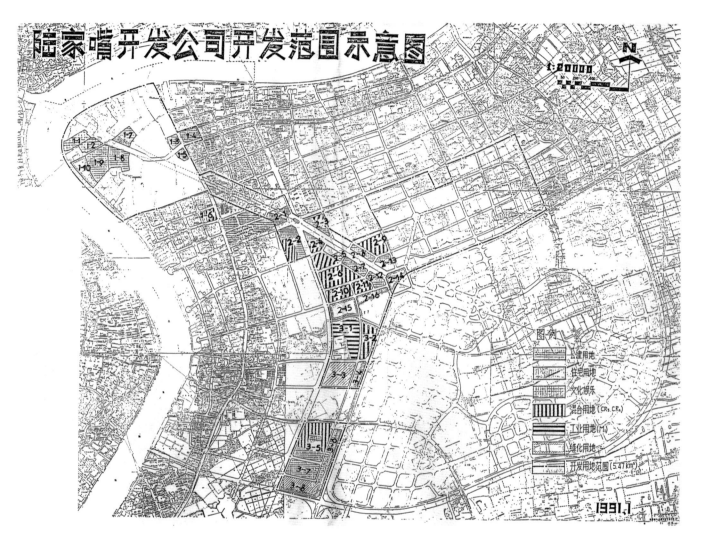

陆家嘴开发公司（1号、2号、3号地块）开发范围示意图（1991年1月）

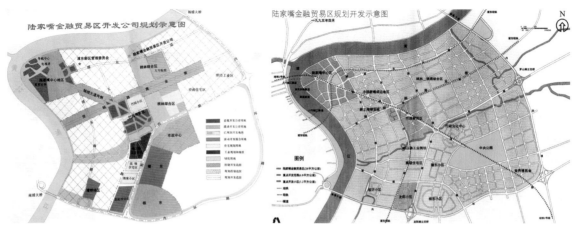

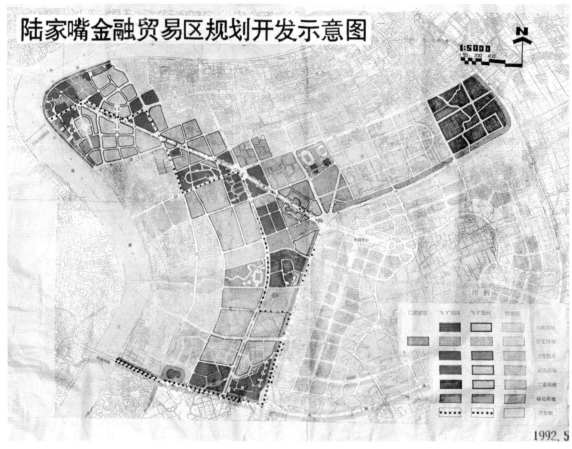

1 ｜ 2
　　3

1 陆家嘴金融贸易区规划模型
2 陆家嘴金融贸易区规划模型（沿世纪大道角度）
3 陆家嘴中心区规划模型（1993年）

第三节　陆家嘴金融贸易区的重点功能区域规划

　　根据陆家嘴金融贸易区的功能定位，结合可开发土地的空间区域位置，分别规划了具有金融、商贸、商业、文化、展览、居住等不同功能的重点功能区域，并利用原有道路系统以及新辟建的世纪大道，有机组合构成了陆家嘴金融贸易区的核心功能区域，在1990～2015年的25年内，功能引导滚动开发，逐步形成了今天的浦东新区现代化都市形象。

一、陆家嘴中心区

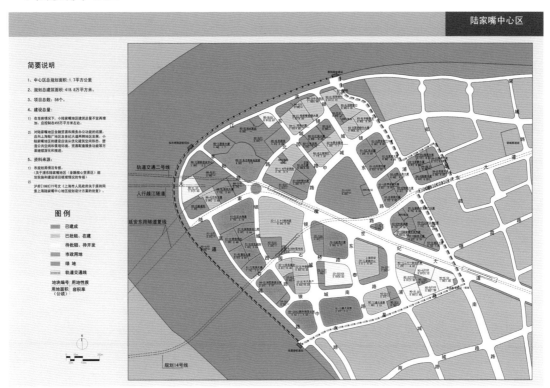

二、竹园商贸区

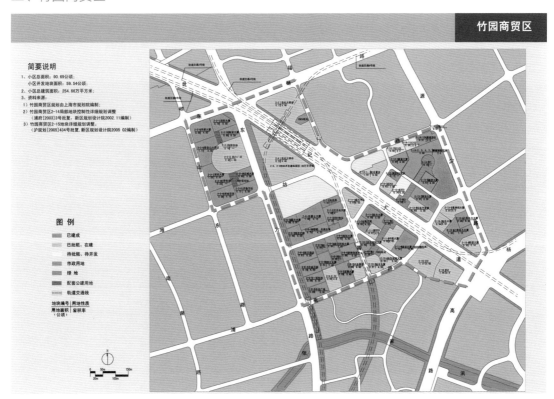

三、新上海商业城

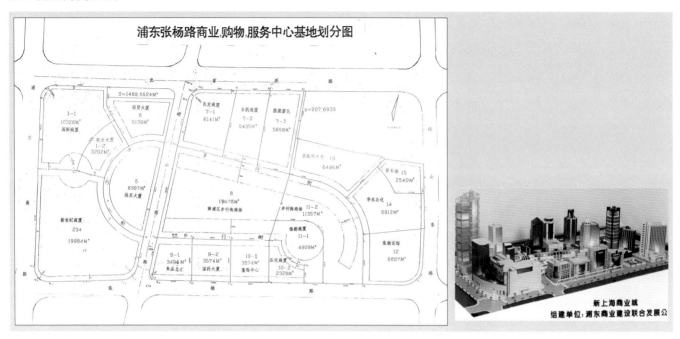

浦东张杨路商业.购物.服务中心基地划分图

新上海商业城
组建单位:浦东商业建设联合发展公

四、世纪大道中段两侧地块

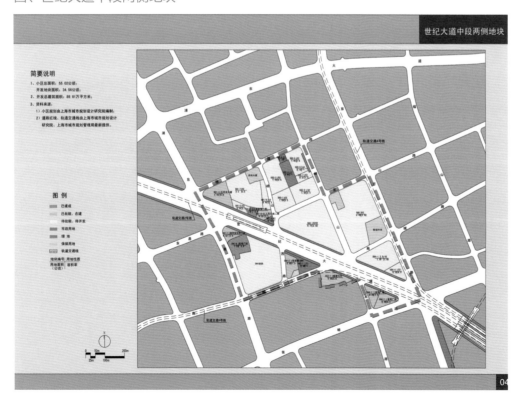

世纪大道中段两侧地块

简要说明
1、小区总面积：55.02公顷；
　开发地块面积：34.56公顷。
2、开发总建筑面积：88.81万平方米。
3、资料来源：
　1）小区规划由由上海市城市规划设计研究院编制；
　2）道路红线、轨道交通线由由上海市城市规划设计
　　研究院，上海市城市规划管理局最新提供。

图例

五、花木行政文化中心区

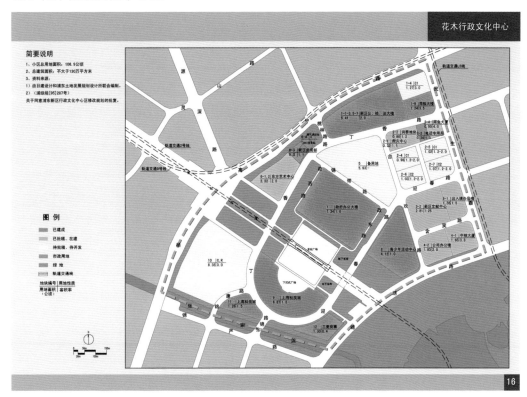

六、新上海国际展览中心及周边地区

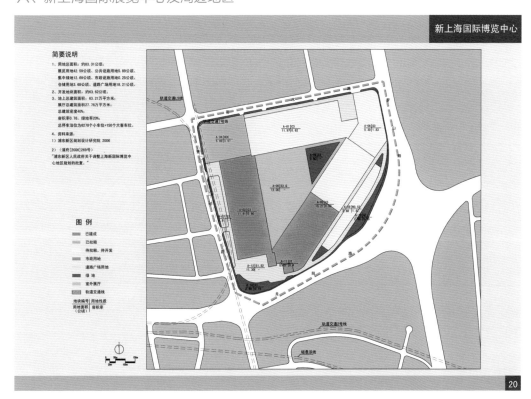

第四节　陆家嘴金融贸易区建设项目位置

从1992年开始，上海陆家嘴（集团）有限公司开始重点推进陆家嘴金融贸易区内批租项目的工程建设，并将服务的重点逐渐从公司重点开发区域延伸到整个陆家嘴金融贸易区范围。区内新建项目也从1992年的23项，快速增加到1993年的45项，到1995年，整个陆家嘴区域内在建项目达到约100项，形成了第一张比较完整的"百楼图"。到1996年7月，区内在建项目已达到140项，到2010年，已有超过100项的建设项目建成投入使用。

到2015年3月为止，区内的主要建设项目达到近200项（详见本书第三章）。这些项目的建设和落成，不仅改变了陆家嘴金融贸易区的城市形象，更为陆家嘴金融贸易区、浦东新区乃至上海市金融中心功能的重建和崛起，发挥了极为重要的作用。

陆家嘴金融贸易区1992年内已开工项目示意图

1　陆家嘴金融贸易区开工项目示意图（1992年）
2　陆家嘴金融贸易区开工项目示意图（1993年）
3　陆家嘴金融贸易区重点功能区域建设示意图（1994年）

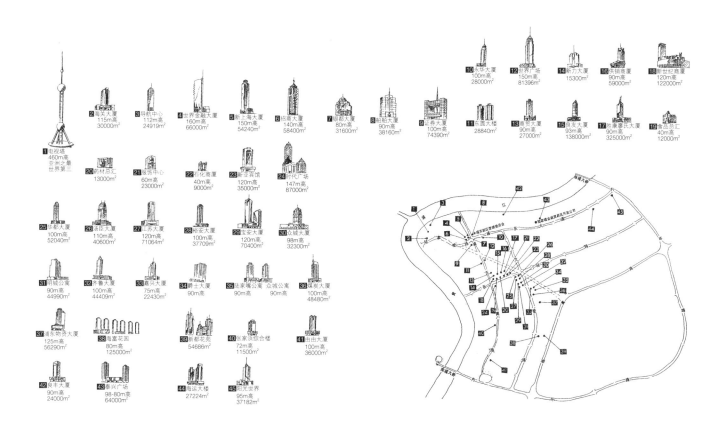

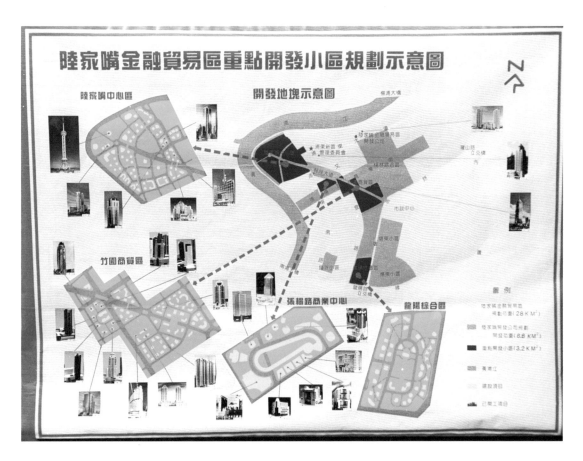

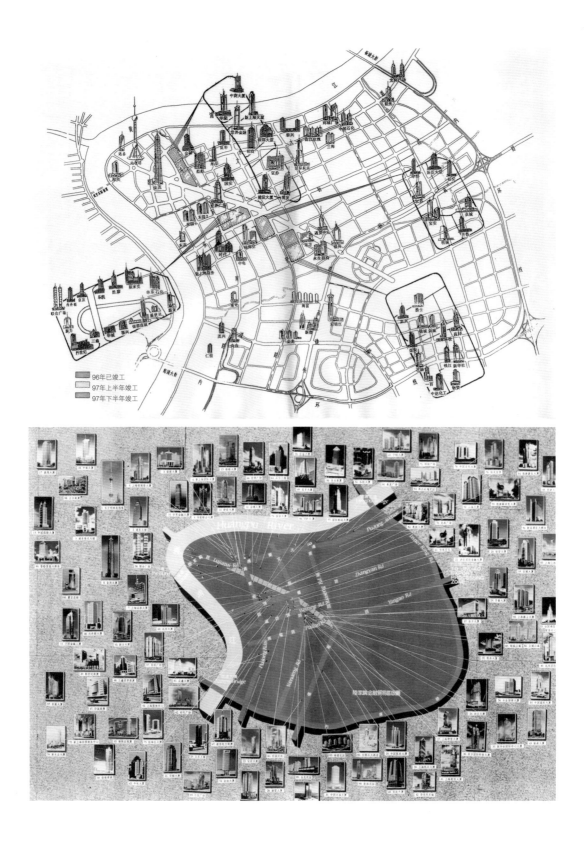

1 陆家嘴金融贸易区重点功能区域建设示意图（1994年）
2 陆家嘴金融贸易区开发建设项目位置示意图（1995年）

陆家嘴金融贸易区建设项目示意图

（至1996年7月）

编号	项目	编号	项目	编号	项目	编号	项目	编号	项目	编号	项目
1	* 港务大楼	26	* 世界广场	51	* 江苏大厦	76	* 华东汽车城	101	新庐山大厦	126	* 航道科研办公楼
2	东方明珠电视塔	27	* 东园住宅楼22.23	52	* 裕安大厦	77	银舟大厦	102	东明广场	127	* 中国石化大厦
3	* 海关大楼	28	* 东园住宅楼45.46	53	* 宝安大厦	78	浦东大酒店	103	众城花苑	128	* 新木业大厦
4	* 香格里拉	29	* 东高大厦	54	* 明城花苑	79	仁恒广场	104	中能龙阳花苑	129	* 仁恒公寓
5	正大总部	30	* 新上海商务中心	55	* 众城大厦	80	由由大厦	105	宏贵大厦	130	* 海怡花园
6	震旦大厦	31	* 联合广场	56	* 齐鲁大厦	81	海富花苑	106	上海信息枢纽大楼	131	东方音乐厅
7	交银大厦	32	* 内外联大厦	57	* 嘉兴大厦	82	新都花园	107	荣城花苑	132	* 久事置业1#
8	* 国际金融大厦	33	良友商厦	58	* 爵士公寓	83	金龙花园	108	上海森茂国际大厦	133	华贸大厦
9	* 金茂大厦	34	乐凯大厦	59	* 锦城公寓	84	大康花园	109	新黄浦大厦	134	* 裕通商业大厦
10	* 中商大厦	35	* 胜康廖氏大厦	60	* 众城公寓	85	泰星广场	110	环球金融中心	135	* 东樱花苑
11	华能大厦	36	胜康斯米克大厦	61	* 中国煤炭大厦	86	珠江玫瑰苑	111	中欧大厦	136	* 正大商场
12	* 世界金融大厦	37	华乐石化	62	* 国际科技大厦	87	环球广场	112	VIP大厦	137	开发大厦
13	* 新上海大厦	38	新亚汤臣	63	* 中国高科大厦	88	山海大厦	113	陆海空大厦	138	申城大酒店
14	* 招商大厦	39	* 福使达商厦	64	* 中国石油大厦	89	阳光世界	114	众金大厦	139	方圆大厦
15	* 银都大厦	40	* 银峰大厦	65	* 钱江大厦	90	置换项目（1）	115	龙珠广场	140	* 富豪大厦
16	* 中保大厦	41	* 福兴大厦	66	新华社国际中心	91	京银大厦	116	东锦江大酒店		
17	* 建设大厦	42	* 华诚商厦	67	一百集团大厦	92	精品大厦	117	国际航运大厦		
18	* 浦发大厦	43	三鑫世界	68	中达广场	93	众城商厦	118	仁和大厦		
19	* 上海证券大厦	44	新世纪商厦	69	上海物资大厦	94	远东国际大厦	119	茂兴大厦		
20	* 金穗大厦	45	新力大厦	70	银冠大厦	95	银冠大厦	120	竹园商务公寓		
21	船舶大厦	46	远东大厦	71	21世纪中心	96	置换项目（2）	121	惠扬大厦		
22	巨金大厦	47	* 时代广场	72	东方大厦	97	华东机电大厦	122	福山大厦		
23	水华大楼	48	中电大厦	73	金牛大厦	98	置换项目（3）	123	强生大厦		
24	良丰大厦	49	华都大厦	74	* 永生招商大厦	99	上海期货大厦	124	东晟大厦		
25	国安大厦	50	汤臣大厦	75	* 通贸大厦	100	新港大厦	125	江海大厦		

注：带 * 者为已开工项目

第二章

陆家嘴金融贸易区 25周年建设成果

第一节　建筑篇

自1990年以来，在党中央、国务院"开发开放浦东"战略的正确指导下，经过25年的开发建设，通过无数建设者们的艰辛努力，在浦东新区，尤其是陆家嘴金融贸易区域，呈现出了翻天覆地的变化，一座现代化的新型城市中心已经基本建成。看着一组组对比的照片，以无可争议的事实，证明了"开发开放浦东"战略的正确，也证明了上海人民坚定的执行了"开发开放浦东"的国家战略，出色地完成了初步阶段的任务。

规划先行！分步实施！这是浦东开发伊始的首要任务。经过数轮调整和修编的上海市总体规划最终把浦东新区设定为上海中心城的重要组成部分，它既强化中心城的综合功能，又带动整个城市的发展与改造，目标是把浦东新区建设成为具有合理的发展布局、结构先进的综合交通网络、完善的城市基础设施、便捷的通信系统以及良好的自然生态环境的现代化新区，并为21世纪初把上海建设成为太平洋西岸最大的经济贸易中心之一奠定基础。这样的定位和目标，把浦东新区的建设发展摆到了上海市城市建设发展的最重要的地位，起到了以建设浦东联动浦西共同发展的重要作用。

陆家嘴金融贸易区（约31.78km²）作为浦东新区当时的4个重点开发区之一，是承接金融、贸易功能的主要载体，与浦西外滩金融街一江之隔，如何规划，如何建设，成为一份沉甸甸的考卷放在了浦东建设者的面前。

同时，陆家嘴金融贸易区的开发也呈现出开发地区不连续，开发功能定位不相同，开发强度、建设时期等不同的特点，上海陆家嘴（集团）有限公司在上海市政府、浦东新区政府（浦东新区开发办公室前身是浦东新区管理委员会）的直接领导下，充分认清形势，结合陆家嘴地域的实际情况，经过多轮的陆家嘴金融贸易区分区规划的编制和论证以及小陆家嘴金融中心区国际设计咨询，陆续规划了陆家嘴中心区（1.7km²）、竹园商贸区（0.8km²）、新上海商业城（0.3km²）、世纪大道中段（0.2km²）、塘东杨东地区（2.2km²）、花木行政文化区（1.2km²）和会展中心区域（1.1km²）等7大功能区域，针对不同的区域，制定了不同的开发功能、开发强度，明确了未来的招商方向，严格按照批准的控制性详细规划，按项目批地，以功能建设带动土地开发，逐步形成"定项目、批土地、搞建设、出形象、出功能"的良性循环，为陆家嘴金融贸易功能的实现奠定了坚实的基础。

从浦东开发的时间顺序来看，大致可以分为以下几个阶段：

1990～1993年，这个阶段最重要的工作就是按照"面向世界、面向21世纪、面向现代化"的方针，编制一流的城市规划来指导陆家嘴地区的开发建设。经过长期的思想、政策、经济方面的研究和准备，明确了陆家嘴"金融贸易"的功能定位，并结合当时先进的市场经济的做法和理念，集思广益，只争朝夕地完成了陆家嘴一期5.47km²的土地毛地批租

东方明珠90m处俯瞰

1	2
3	4
5	

1　1995年4月
2　1997年9月
3　2004年5月
4　2008年8月
5　2012年10月

"空转"注资，获得了市政府批准的陆家嘴中心区控制性详细规划（1.7km²）和陆家嘴金融贸易区总体规划（31.78km²），采用开发公司的形式进行重点小区的开发建设，同时利用外资和社会资本进行成片土地开发和基础设施的投资建设，形成浦东开发的新机制。

同时根据市政府批准的规划，发挥国内银行、金融机构"领头羊"效应，带项目择地建楼，逐步引进国内各省、部委项目，形成全国参与"浦东开发开放"的新高潮。期间，上海陆家嘴（集团）有限公司直接批租土地就有19幅。

1993～1996年，开发工作的重点是在市政府批准规划的严格指导下，按现代城市经济组团布局，分块开发建设功能小区。从银都大厦（中国人民银行上海分行）开始，一大批国有银行、金融机构、证券保险等金融机构积极要求在陆家嘴中心区建设银行办公大楼，形成了国内金融机构建设的第一轮高潮，这期间的代表性建筑有世纪金融大厦（中国工商银行上海分行）、金穗大厦（中国农业银行上海分行）、中银大厦（中国银行上海分行）、世界金融大厦（中国建设银行上海分行）、交银金融大厦（交通银行总行）、新上海国际大厦（上海国际投资公司等），以及中国保险大厦（中国人民保险公司）、上海浦发展大厦等。同步还有对金融功能发展影响巨大的浦东海关大厦（浦东海关）、上海证券大厦（上海证券交易所、保利集团）、上海期货大厦（上海期货交易中心）等，奠定了金融贸易基本功能。

在区域开发、招商引资和土地批租的过程中，上海陆家嘴（集团）有限公司非常注重"中华牌"和"世界牌"的有机结合。随着"浦东开发开放"的逐渐深入，以安徽省（裕安大厦）为代表的一大批国内省、部

1	2
3	4

从永华大厦看中心区
1 1995年3月
2 1996年4月
3 1997年3月
4 2009年10月

　　楼宇也纷纷进驻浦东，购地建楼，这期间的代表性建筑有紫金山大酒店（江苏省）、宝安大厦（深圳市）、齐鲁大厦（山东省）、中国煤炭大厦（煤炭部）、中国石油大厦（石油部）、上海招商局大厦（深圳招商局有限公司）、华能联合大厦（华能集团）、金茂大厦（国家外经贸部等）和宝钢大厦（宝钢集团）等，形成了"全国一盘棋"投入支持浦东开发的良好局面。

　　在高强度的宣传和国内先行的示范效应下，国外、中国港澳台地区投资者也逐步开始投资浦东。台湾汤臣集团连续投资了包括汤臣金融中心、汤臣广场、汤臣一品、汤臣高尔夫球场等一系列项目，引起了国际上的热切关注。泰国正大集团不仅投资建设了当时亚洲最大单一建筑体的正大广场，还和上海陆家嘴（集团）有限公司联合成立富都世界发展有限公司，开创了浦东新区中外合资进行区域房地产开发的先例，并引进了震旦国际广场（台湾震旦集团）、花旗银行大厦（原巴鼎世纪广场）、浦东香格里拉酒店一期和二期，为陆家嘴中心区的招商引资、开发建设闯出了一条新路。以日本最大规模私人房地产商

1	2
3	4
5	6

从九六广场远眺陆家嘴地区
1　1993年9月
2　1994年5月
3　1996年5月
4　1998年4月
5　2008年11月
6　2014年11月

森公司投资陆家嘴金融区的恒生银行大厦（原森茂大厦）、环球金融中心大厦为标志，切实表明浦东新区的开发开放、陆家嘴金融贸易区的规划设计和功能打造，赢得了国际投资商的认可。同时，一大批新加坡、印度尼西亚以及中国台湾、香港地区的投资者也陆续在陆家嘴金融贸易区投资建设了金融办公楼、商场、高档住宅等一系列建设项目，为浦东新区现代化新型城区的建成贡献了自己的力量。

在陆家嘴中心区、竹园商贸区大规模建设的同时，新上海商业城也陆续、成组团、成功能地进行着开发建设。新上海商业城是浦东开发开放之后由上海市商委发起牵头的项目，将原来著名的上海市级商业机构集聚在浦东发展，规模等级都上了一个台阶，规划、设计、建设都实现了整体设计、整体施工和分体运营的模式，在建成初期，为浦东新区陆家嘴金融贸易区的商业功能建设带来了特殊的亮点。其中：第一个中外合资的商业零售项目新世纪商厦就是由日本百货巨头八佰伴集团与上海一百集团（现百联集团）合作成立的国内第一家中外合资大型商业零售企业——上海第一八佰伴有限公司投资建设的，建成后的商场年销售额超过10亿元，长期占据中国单幢商业建筑销售额第一名。新世纪商厦和新梅联合广场（原联合广场）、良友商厦（市粮油公司）、乐凯大厦、三鑫商厦、新大陆广场、内外联大厦等众多商厦一起，为丰富和提升浦东新区的商业零售服务业作出了巨大的贡献。

截至1997年，上海陆家嘴（集团）有限公司土地批租情况汇总情况见表2-1。

1991～1997年陆家嘴公司土地批租情况汇总　　　　　　　　表2-1

（单位：幅）

1991年	1992年	1993年	1994年	1995年	1996年	1997年
8	24	19	14	1	3	1

1997～2000年期间，1997年的亚洲金融风暴使整个亚洲经济遭受极大的打击，陆家嘴的开发也进入了调整期。土地批租速度明显减少，不少已签约的建设项目也推迟了建设进度，甚至是取消了投资浦东的计划。在这一时期，上海陆家嘴（集团）有限公司除了继续履行土地批租合约按时交地，积极做好市政配套工作，同时在资金非常紧张的情况下，筹集资金建设滨江大道、中心绿地、世纪大道等项目，严格按照规划建设，在旧房拆迁、市政设施配套建设的同时，精心营造滨江环境和绿色公共空间。

坚持项目建设、基础设施配套、社会发展三同步，使陆家嘴区域的市政基础设施的投资强度和建设标准在全国开发区中持续保持领先的水平。

2001～2003年以来，上海住房制度全面改革，带动了整个房地产的发展，掀起了陆家嘴中心区沿江高级公寓开发的热潮，带动了陆家嘴地区房地产业的复苏和振兴。香榭园、仁恒滨江、世茂滨江等就是著名的代表。

期间香港新鸿基集团整体受让5幅地块，建造规模达42万平方米的城市综合体，集办公、酒店、商场于一体，结合地铁车站综合性项目，创造了陆家嘴土地批租、项目建设的新模式和新亮点。

海外重量级企业集团、金融保险机构和房地产开发商斥巨资投资陆家嘴，有助于加快陆家嘴金融贸易区国际化进程。

竹园商贸区2号地块瞭望行政文化区

1	2
3	4
5	6

1 1993年9月
2 1994年5月
3 1996年7月
4 2010年1月
5 2012年12月
6 2015年3月

　　一大批国内知名金融保险机构加盟陆家嘴开发，为进一步拓展陆家嘴金融贸易中心功能，发挥金融机构的集聚效应及辐射功能增添新的动力。

　　陆家嘴金融贸易区利用外资的水平得到持续提升，中外各类投资项目的营运效益日益体现，为陆家嘴国际竞争力的整体飞跃奠定了扎实的基础。

　　花木行政文化中心，位居陆家嘴金融贸易区的腹地，经过多年的规划和建设，形成了以文化科技（上海市科技馆、东方艺术中心、浦东展览馆等）、行政办公（浦东新区人民政府、上海市公安局出入境管理中心、上海海事法院、上海银监会、上海保监会）和商务办公[太平人寿大厦（原上海信息城）、汇商大厦、金鹰大厦、证大五道口]等3大功能为主的特色明显的行政文化区域，结合周边的世纪公园、联洋居住社区、陆家嘴金融广场（原塘东总部基地项目）等，共同形成了陆家嘴金融贸易区内行政、文化、办公和生活的半壁江山。

　　上海新国际博览会展中心地区，利用浦东开发开放的政策引进3家著名德国会展公司成立了合资会展企业，建设规模超过41.41万m^2，拥有17个独立会展场馆的新国际会展中心，经过近10年的建设，迄今已全部完成建设并投入使用，其每年会展管理面积、场馆使用率均达到世界一流的水平。随之而来的永达国际大厦、紫竹国际大厦、喜马拉雅中心、浦东嘉里城等一大批相关和配套的办公、酒店、商场应运而起，带动了整个陆家嘴金融贸易区会展行业的崛起。

　　2004～2008年期间，经过持续不断的完善配套服务设施、提升环境水平后，以陆家嘴中心区为代表的CBD中央商务区正逐步形成5大功能组团建筑群：

　　（1）以银都大厦、世纪金融大厦、世界金融大厦、恒生银行大厦（原森茂大厦）、中银大厦、交银金融大厦等中心绿地周边地区为重心的国内国际银行楼群组团；

　　（2）以金茂大厦、上海证券交易大厦、中国保险大厦等主体的中外贸易机构要素市场项目群组团；

从杨高中路看行政文化中心

1	2
3	4
5	6

1 1996年4月
2 1998年5月
3 1999年6月
4 2004年9月
5 2010年1月
6 2014年5月

（3）以东方明珠、正大广场、香格里拉酒店为核心的休憩旅游购物景点项目组团；

（4）以汤臣一品、鹏利海景、仁恒滨江、世茂滨江等项目为代表的顶级江景豪宅园区组团；

（5）以花旗银行大厦、上海国金中心、太平人寿大厦、东方汇经中心等为重心的国际公司区域总部大厦组团。

自2004年开始，上海陆家嘴（集团）有限公司充分抓住机遇，实行了公司大规模的战略转型，即由土地批租向项目建设与土地批租并重的方向转变。利用世界经济形势变化的有利时机，从日本合资方手里回购了原陆家嘴伊藤忠开发大厦有限公司的相应股权，全面主导了上海陆家嘴（集团）有限公司在陆家嘴中心区的第一幢商务办公楼的建设（收购前已完成桩基建设，后因经济原因停工数年），并在结构封顶建成投用前成功地引进了国际著名银行——渣打银行（中国）的入驻，开创了上海陆家嘴（集团）有限公司利用自有资金建设高端甲级办公楼的新格局。

随之而来的中国钻石交易中心、星展银行大厦、陆家嘴基金大厦、陆家嘴投资大厦、陆家嘴世纪金融广场（原塘东总部基地项目）、九六广场、陆家嘴1885文化商业中心等项目陆续开始建设，并陆续投入使用。与国际同步的设计标准、高质量的施工质量、强有力的市场招商团队和优质的物业管理服务，为上海陆家嘴（集团）有限公司创造了每年超过数十亿元人民币的租金收入，也为上海陆家嘴（集团）有限公司的战略转型提供了坚实的经济保障。

陆家嘴金融中心区，世纪大道起端

1	2
3	4
5	

从陆家嘴轮渡口东望
1　1994年5月
2　1996年8月
3　1997年7月
4　2008年3月
5　2015年3月

陆家嘴软件园，其最初的用途是陆家嘴金融贸易区开发配套的工厂动迁基地，经历了峨山路工业街坊、浦东软件园陆家嘴分园、陆家嘴软件园等发展阶段，最终"腾笼换鸟"、"脱胎换骨"形成建筑规模超过33.6万m²、商业服务配套面积超过1.2万m²、税收超过86.6亿元（2013年）的市级软件园区，提供了超过1万个就业岗位，开创了工业园区转化为科技、金融服务、电子商务集聚的新兴城市金融电子服务产业基地的先河。

2008～2014年，上海陆家嘴（集团）有限公司在兴建滨江大道、中心绿地的基础上，多方开拓，充分利用金融贸易区暂无使用功能的边角零散地块，建设了一大批专门为办公商务人士服务的商业配套设施、滨江服务设施、公交、停车换车综合服务设施和绿化地下交通配套综合服务设施，极大地丰富和提高了陆家嘴中心区的生活服务设施和水平，也为金融办公商务旅游功能的发挥，创造了拾遗补缺的功能。

陆家嘴中心区二期，作为陆家嘴中心区（1.7km²）以外唯一的扩展用地，结合了原有上海船厂的整体搬迁升级改造，引进了香港中信泰富集团的资金和先进的开发理念，在着手完成全部区域的控制性详细规划和深化的城市设计后，才开始工程建设。虽然也属于成片自主开发，但陆家嘴中心二期采用完全自建、客户定制等模式，将区域开发的整体质量（整体抬高滨水平台，保证市政道路畅通）、滨江环境的打造（新建滨江大道，综合利用保留的船台和厂房）和办公客户的能级和规模的提升（浦江双辉大厦整体引入农行、建行全国性功能业务总部）都达到了一个新的高度，为陆家嘴金融贸易区的再开发，提供了崭新的思路和实践的经验。

目前上海陆家嘴（集团）有限公司正在建设的项目还有世纪大都会项目、浦东金融广场项目（SN1）、陆家嘴证券大厦和陆家嘴自贸大厦项目（SB1-1）等，这些项目将继续为陆家嘴的战略转型和可持续发展、为陆家嘴区域的开发建设、环境配套提供着新的贡献。

陆家嘴的开发建设，通过这些建成的高楼大厦充分反映了过去25年来国家和市委市政府的正确决策，通过上海陆家嘴（集团）有限公司整个团队的坚持不懈的努力，运用功能定位准确、世界级规划视野、高密度基础设施投入、钉针性招商引资、全方位配套服务和高质量区域管理等一系列策略与手段，将陆家嘴金融贸易区初步打造成为世界级的国际金融中心的格局，无论从建设规模、经济规模、社会效益等方面都可以承担起全国到目前为止都是唯一的"金融贸易区"的称号。

正是基于上述这些优势和优点，上海陆家嘴（集团）有限公司又集过去25周年浦东开发的干劲和经验，全力以赴开始了浦东"前滩国际旅游度假区"（2.8km²）的规划和开发。同时，也正紧锣密鼓地在浦东新区最前沿的"临港新城"地区以及浦东新区未来潜在发展地区，再接再厉，再展宏图！

崂山总部大楼（改造前）

崂山总部大楼（改造后）

一、1990 ~ 1992 年建设项目位置示意图（6 项）

1990 ~ 1992建设项目位置示意图
（楼宇序号索引见本书第三部分建设项目汇总表）

浦东大道 141 号

1990年5月3日下午，上海市人民政府浦东开发办公室、上海浦东新区规划设计研究院正式在浦东文化馆沿马路的一幢2层小黄楼门口挂牌成立了。门牌号码是根据"一是一，二是二，要实事求是"的意思，确定为浦东大道141号。2层小楼，仓库改建的大会议室，外滩市政府大楼借用的桌椅板凳，是浦东开发开放以来第一个政府办事机构的办公地点，在此拉开了浦东开发的序幕。1993年1月1日，中共上海市浦东新区工作委员会和上海市浦东新区管理委员会也在这里正式挂牌成立，川沙县建制撤销，同时将行政区划归到南市、黄浦、杨浦的地区及闵行的三林乡收回，成立了浦东新区。2001年8月8日，浦东新区党委、区政府、区人大、区政协、区纪委正式成立并在浦东大道141号挂牌，同年8月30日搬入世纪大道2001号新区办公中心。随后，浦东大道141号还曾作为上海WTO研究中心办公场所。目前为浦东新区开发纪念馆。

　1. 浦东大道141号，浦东新区管委会原址（1998年）

　2. 浦东大道141号（小白楼），原市政府浦东开发办旧址（1990年）

由由饭店

　　浦东南路2111号，位于浦东陆家嘴南部塘桥车站地区，是1990年代浦东陆家嘴地区为数不多的高层建筑，共10层，配置电梯、空调、热水，是当地严桥乡村民出资建造的新式宾馆，起名"由由饭店"，寓意了"种田人出头"的好兆头。浦东开发伊始，浦东陆家嘴、金桥和外高桥三大开发公司就分别租用其中的五、六、七层作为办公场所。

　　随着浦东的开发，由严桥乡乡镇企业改制成立的上海由由（集团）股份有限公司，将由由饭店及周边地区改建成了上海由由国际广场，包括1幢37层喜来登五星级酒店和1幢21层公寓式酒店，以及1幢32层甲级智能化办公楼和巴黎春天商场，形成了塘桥地区的商业、办公、酒店集聚的国际商务区。由由饭店也装修改造，升级换代成了"由由大酒店"。

由由饭店1992年

港务大厦

港务大厦商务楼地处陆家嘴中心区的前沿，位于黄浦江畔、滨江大道旁，南临东方明珠，西靠上海国际会议中心，地理位置优越，大厦原定是航道管理用途，为了适应浦东的开发开放，边建设边修改，建成当时浦东稀缺的高档办公场所，其中高层办公楼可一览黄浦江及百年外滩美景。

大厦结构挺拔，外墙采用进口蓝色全玻璃幕墙饰面，大堂走廊铺设意大利花岗石，室内采用水曲柳地板；大厦使用中央空调系统，光纤通信系统，电话通信线路充裕；大厦还设有展览大厅、多功能会议室、外宾接待室、商务中心以及餐饮大厅、地下车库等设施。

设计单位：上海华东工业设计院
建设单位：交通部上海地区水运通信网工程指挥部
总建筑面积：3.42万m²
用地面积：1.63万m²
建筑层数（高度）：地上28层，地下2层；高度102m
竣工时间：1995年6月
建设地点：上海市浦东新区丰和路1号

东方明珠广播电视塔

东方明珠广播电视塔是上海的标志性文化景观之一，塔高约468m，于1991年7月兴建，1995年5月投入使用。

东方明珠广播电视塔位于上海浦东陆家嘴黄浦江弯道处，是城市景观的交会点和高潮区。设计者独具匠心地创造了一种完全区别于当时国内外各种电视塔的全新的造型，即采用由3根9m直径的钢筋混凝土直筒体和3根7m直径与地面60°斜交的斜筒体共同构成塔身，并与位于塔上不同部位的11个大小不等的圆球体有机组合获得了鲜明的特色，新颖独特的造型和新技术、新材料的应用，使"东方明珠"成为建筑和结构、艺术和技术完美结合的产物，既充满时代气息又富有丰富的东方文化内涵。

东方明珠广播电视塔是国家首批AAAAA级旅游景区。1995年被列入上海十大新景观之一。

塔内除广播电视发射外还集旅游、观光、娱乐、购物、餐饮、会所、展览等多种功能于一体，成为大型公共性的综合建筑。其中直径50m的下球，中心标高93m，共4层，是知识性、趣味性和娱乐性极浓的科技游乐天地；直径45m的上球，中心标高272.5m，共9层，内有观光层、旋转茶室、娱乐设施、广播电视发射机和避难层等内容；太空舱球体直径16m，中心标高342m，设观光层和太空会所，是游人可以到达的最高处；再往上是118m的钢桅杆天线段；塔座由直径60m高2层的进出塔大厅，展览，停车库，以及各类功能性房间组成；塔基部分设计成半地下室，大片的斜坡绿化绵延至黄浦江边，通透的塔身与大面积的绿化自然结合，使高大的电视塔变得通灵轻巧，与周围环境和谐地融合为一体。

设计单位：上海华东建筑设计研究院
建设单位：东方明珠股份有限公司
总建筑面积：7.30万m²
用地面积：3.88万m²
建筑层数（高度）：468m
竣工时间：1995年5月
建设地点：上海市浦东新区世纪大道1号

世界广场

　　世界广场是浦东新区最早由外商投资的高档办公楼之一，坐落于浦东南路与世纪大道的交叉口，地下一层与地铁2号线东昌路站相连，是一幢高品质的商业办公综合楼宇，建成后成为20世纪90年代浦东新区的标志性建筑之一。

　　世界广场是浦东第一幢全钢结构的摩天大楼。高199m，共38层，总建筑面积约8.5万m^2，总投资约1.3亿美金。大厦造型独特，集中式八角形平面，上部收层的钻石造型，整个建筑风格简洁、典雅。

设计单位：美国兰登威尔逊设计公司、上海建筑设计院
建设单位：明泰房地产有限公司
总建筑面积：8.52万m^2
用地面积：8116m^2
建筑层数（高度）：地上38层，地下3层；高度199米
竣工时间：1997年12月
建设地点：上海市浦东新区浦东南路855号

陈桂春旧宅

　　陈桂春旧宅位于浦东新区陆家嘴路160号，始建于1922年，建成于1925年，是浦东新区陆家嘴地区内富有中国传统建筑特色的上海近代优秀民居建筑。住宅正门朝南，总体呈长方形，住宅由天井、花园、客厅、厢房、备弄等部分组成，房屋原为四进三院的传统民居布局，进门是天井，正门楼上下均为五开间，两面为卧房，两侧为厢房，天井两侧为偏房，上层为过道，形成走马道。两侧各有一条备弄，直通后天井。

　　每幢房屋均是一字形五开间排列，其中楼上房间、卧室、书房、休息室采用中国传统式装修，而楼下餐厅、茶室、卫生间等的装修均是西式的。前后厅堂的装修显示出画栋雕梁，各处落地长窗、栏窗、木门皆精雕细琢，除雕有花鸟、狮、鹿、骏马等动物外，梁、檩、枋上还刻着整套三国演义的故事。整栋建筑外墙采用青砖、红砖相间砌筑；山墙立面、檐口线条处处呈现出西方色彩。

　　新中国成立后，该住宅由东昌房管所分配给居民使用。1991年浦东开发扩建陆家嘴路时，拆除了大院门墙。1996年建设中心绿地时，这座民宅得以保留，修葺后作为陆家嘴开发陈列室向游人开放。

始建年代：1922年
建成年代：1925年
建设地点：上海市浦东新区陆家嘴路160号

<table>
<tr><td>1</td><td>2</td></tr>
<tr><td>3</td><td>4</td></tr>
</table>

1 修葺前的陈桂春老宅（1993年5月）
2 修葺中的陈桂春老宅（1997年2月）
3 修葺后的陈桂春老宅改为陆家嘴开发陈列室（1997年7月）
4 陈桂春老宅临时改为吴昌硕纪念馆（2012年7月）

二、1993 ~ 2000 年建设项目位置示意图（38 项）

1993 ~ 2000年建设项目位置示意图
（楼宇序号索引见本书第三部分建设项目汇总表）

中电大厦

中电大厦位于南泉北路1029号，是一座集客房、餐饮、娱乐、商务办公于一体的综合性大楼。

大楼主楼高20层，外墙装饰以粉红色面砖为主，配以蓝色玻璃幕墙，顶部是一个醒目的电力标志。大厦内共有按照三星级标准装修的客房120套。大堂设计气派，地面铺设进口高级大理石，墙身砌白大理石。

大厦设计突出电力系统的特色，采用先进的智能型综合布线及双回路供电系统。

中电大厦是原电力工业部参与浦东开发开放的窗口项目，1995年4月建成。20层高的中电大厦仅用21个月建成，成为中央部委和兄弟省市参与浦东开发的第一个竣工大楼，被新区政府授予"省部楼宇001号"证书。是当时浦东智能大楼的样板工程，智能化主要体现在应用国际通信最新成果——结构化综合布线系统，该系统具有更宽的频带和更高的传送速度；将各种信号子系统联系起来，使一幢大楼内各种操作和控制系统内信息共享成为现实。

设计单位：
建设单位：中电集团房地产开发公司
总建筑面积：1.7万m²
用地面积：2864m²
建筑层数（高度）：地上20层，地下1层
主体结构形式：核心筒框架
竣工时间：1995年4月
建设地点：上海市浦东新区南泉北路1029号

银都大厦

　　银都大厦，又称中国人民银行上海市分行大厦，坐落在浦东南路与浦东大道交会处，是陆家嘴中心区首幢开工和竣工启用的金融办公楼宇。

　　大厦高19层，建筑造型具有中央银行办公楼宇的鲜明特点，稳健而庄重。大厦采用板式高层加裙房的设计手法，糅合了经典西式和中国传统建筑风格，空间布局上与周边其他3幢楼宇呈雁阵式梯次结构。大厦外墙采用淡褐色意大利天然花岗石贴面。

　　银都大厦作为第一个进驻浦东的银行大楼，其迁入浦东标志着上海的金融业格局发生了历史性的变化。在落成仪式上，时任上海市副市长、浦东新区管理委员会主任赵启正指出，上海金融业的"领头羊"迁入浦东，是浦东金融功能启动的标志，相信今后一定会有一个接着一个的中外金融机构进入浦东。而银都大厦确实完成了其"领头羊"的历史使命，在其之后，大量金融机构及银行大厦纷纷进驻浦东。

　　形如"中国太师椅"的银都大厦，内蕴"领头羊"和"一马当先"之深义，折射出灿烂美丽的银色光芒。

设计单位：上海华东建筑设计院、同济大学建筑设计研究院
建设单位：银都大厦筹建处
总建筑面积：3.20万m²
总建筑面积：6100m²
建筑层数及高度：地上19层，地下1层；高度89m
竣工年份：1994年9月
建设地点：上海市浦东新区陆家嘴东路181号

银都大厦周边及开发进程
1 2
3 4
1 基础施工（1993年5月）
2 结构封顶（1993年12月）
3 外墙施工（1994年5月）
4 内部装修（1994年9月）

银都大厦周边及开发进程
1 周边项目建成（1998年4月）
2 周边项目建成（2005年5月）
3 中心区二期项目建成（2011年3月）

永华大厦

　　永华大厦为著名华人邱永汉先生在浦东陆家嘴金融贸易区投资的一个重要的项目。大厦位于浦东大道138号，占地约3555m²，总建筑面积约3.57万m²，楼高27层。大厦外墙全部采用加拿大花岗石，进口铝框玻璃幕墙，一楼墙面及地面皆铺设加拿大花岗石，电梯采用台湾永大电梯，办公区采用飞利浦日光灯以及美国阿姆斯壮矿棉顶棚和阿姆斯壮塑料地板，在浦东第一个引进24小时物业管理和安保系统，地下车库配置汽车和自行车停车场，出入口分开设置，并设红绿灯、磁卡收费管理，大厦为客户提供了高效、便捷、舒适的办公环境。自1995年10月开业以来，吸引了大量的台湾企业以及国际企业入驻办公，为浦东新区创建优质的办公环境提供了非常领先的理念和实践。

设计单位：西北设计院
建设单位：永华房地产发展有限公司
总建筑面积：3.57万m²
用地面积：3555m²
建筑层数（高度）：地上27层，高度99m
竣工时间：1995年10月
建设地点：上海浦东新区浦东大道138号

上海招商局大厦

　　上海招商局大厦是一幢智能综合办公楼，1995年12月率先在陆家嘴金融贸易区的中心落成，坐落在浦东陆家嘴金融中心的心脏地带——陆家嘴路和浦城路口。与88层的金茂大厦以陆家嘴轴线大道一路之隔，和东方明珠广播电视塔遥遥相望，紧邻延安东路隧道口和地铁2号线站口。

　　上海招商局大厦由香港招商局集团、招商银行和达洋投资有限公司联合投资建造，由香港关善明建筑师事务所和上海建筑设计研究院联合设计。

　　大厦外观气势雄伟，形态简洁有力，利用圆和方、虚和实的组合，营造出富有文化内涵的独有气度。大厦处在世纪大道和中心绿地旁边，具有非常良好的视线可达性。其4个立面的设计和用料采用了统一化的处理方式，力求简洁并富有时代特征。大厦平面上运用方圆几何组合，立面上通过不同高度的凹凸形态，窗与墙的虚实对比以及光影变化和不同建筑材料的运用来营造立面构图。

设计单位：香港关善明建筑师事务所
建设单位：招商局地产
总建筑面积：6.04万m²
用地面积：7301m²
建筑层数（高度）：地上39层，地下2层；高度186m
竣工时间：1995年12月
建设地点：上海市浦东新区陆家嘴路66号

汤臣金融大厦

　　汤臣金融大厦是台湾汤臣集团投身浦东开发的第一个项目，1992年浦东开发初期，汤臣集团就以其不凡的实力，夺得陆家嘴金融贸易区第一个土地转让国际招标的项目。

　　汤臣金融大厦位于东方路、张杨路、世纪大道三路交会处，高25层。该大厦是由张世豪博士总体设计，通体运用金色反光玻璃幕墙，层次分明，意味"节节高升"。总建筑面积为53000m²。建成后成为20世纪浦东高档办公楼的标杆项目。

设计单位：张世豪、华东建筑设计院
建设单位：汤臣嘉地（上海）房地产有限公司
总建筑面积：5.30万m²
用地面积：7400m²
建筑层数（高度）：地上25层，地下3层；高度115m
主体结构形式：框架结构
竣工时间：1995年8月
建设地点：上海市浦东新区东方路710号

竹园商贸区2-2地块

1	2
3	4
5	6

1 1993年4月
2 1994年3月
3 1995年2月
4 1996年7月
5 2004年10月
6 2015年3月

裕安大厦

裕安大厦位于世纪大道、东方路、张杨路交会处，是安徽省政府响应浦东开发"一省一部一楼"的号召，由上海裕安实业总公司投资近4亿元人民币建设的大楼，集办公、商场、展示厅、证券交易等多项综合功能于一体。

大厦高30层，主楼外墙以蓝色全进口双层中空玻璃幕墙装饰，是安徽省在上海经济贸易活动的中心和对外开放的重要窗口。

"裕安大厦"4字，裕字左旁却少了一点，赵朴初大师在题写时，深感家乡安徽离富裕还差一点，就有意少加了"一点"，意在激励安徽人民正视现实，加倍努力补上这"一点"。

设计单位：马鞍山市建筑设计院

建设单位：上海安徽裕安实业公司

总建筑面积：3.90万m²

用地面积：6016m²

建筑层数（高度）：地上30层，高度99m

主体结构形式：框架结构

竣工时间：1995年6月

建设地点：上海市浦东新区东方路738号

新世纪商厦

　　新世纪商厦拥有108000m²建筑面积的商场，共10层。商厦外观以白色为主基调，呈曲角凌弧，造型吸收古代宫廷建筑特点，气势庄重宏伟。商厦正面开有12个拱形门洞，嵌着具有浓郁东方民族色彩的12生肖石刻漫画。21层的办公塔楼中央自下而上平铺了一条蓝色的玻璃幕墙带，顶端则以一个象征聚宝盆的扁平红色碗形屋顶收头，尽显简练、凝重的日本风格。

　　上海第一八佰伴有限公司系中国第一家经国务院批准的大型商业零售合资企业，成立于1992年9月28日。成立时，各投资方的出资比例分别为：上海市第一百货商店股份有限公司占45%，香港八佰伴国际集团有限公司占36%，日本八佰伴株式会社占19%。在经过受让和一系列运作后，目前百联股份拥有第一八佰伴100%的股权。

　　商厦的设计体现了当时高端日式百货公司的风格，便捷居中设置的上下行对开自动扶手梯，不断调整的零售业态，完整的百货产品线路，一开业就吸引了浦东及全上海市市民的关注，长期以来一直成为浦东居民休闲消费购物的首选商厦。商厦也在2000年以后的近10年间一直保持全国单幢商业建筑零售额第一名的桂冠。

设计单位：上海现代设计（集团）上海建筑设计研究院有限公司
合作单位：日本清水建设株式会社
建设单位：上海市第一百货商店股份有限公司和八佰伴国际集团有限公司
总建筑面积：14.48万m²
用地面积：2.00万m²
建筑层数（高度）：地上21层，地下2层；高度99.9m
主体建构：框架结构、钢结构
竣工时间：1995年12月
地址：上海市浦东新区张杨路501号

新上海商业城第一八佰伴

1	2
3	4

1　1990年5月
2　1994年7月
3　1995年3月
4　1998年9月

新上海商业城第一八佰伴
2015年3月

上海证券大厦

　　上海证券大厦位于陆家嘴中心区的核心位置，为上海证券交易所的所在地，是包括了高档写字楼、证券交易、高级国际俱乐部等设施的5A级智能化大厦。

　　上海证券大厦是一座集建筑美学与现代科学为一体的智能型建筑，大厦由加拿大WZMH建筑设计事务所设计，采用敞开式巨门的造型，在东西端建筑之间凌空横跨63m大型天桥。立面外罩银白色铝合金板的米字形网格，显露出全钢结构的稳重与坚固，整个建筑极富时代感。证券大厦于1997年12月19日正式启用。证券大厦总建筑面积10万m²，主要功能是证券交易、办公。大厦共27层，九层以下为上海证券交易所新址。3600m²的无柱交易大厅，可提供1810个交易席位，能满足3000多位交易员同时交易，堪称亚洲之最。

　　整幢大厦设备管理系统先进，用现代化的计算机技术、控制技术、通信技术和图形显示技术将分布在监控现场的区域能分站联络起来，提供高度的安全性保障和现代化的办公环境。

设计单位：加拿大WZMH设计师事务所、上海建筑设计研究院
建设单位：上海浦利房地产发展有限公司
总建筑面积：10万m²
用地面积：11900m²
建筑层数（高度）：地上27层，地下3层，高度109m
竣工时间：1997年2月
建设地点：上海市浦东新区浦东南路528号

齐鲁大厦

　　1996年12月，一座显示齐鲁文化底蕴的大厦在浦东陆家嘴金融贸易区中心地带拔地而起。齐鲁大厦是山东省在上海浦东陆家嘴金融贸易区内建设的一座综合性、现代化的商贸服务中心，总建筑面积53000m²，主楼地下2层，地上28层，高度为100m，总投资4亿元。齐鲁大厦外墙采用花岗石—玻璃幕墙，12000m²花岗石饰面板全部采用山东产品。山东产"雪莲红"花岗石和进口玫瑰金玻璃组成幕墙，"泰山红"蘑菇石基座和汉白玉雕蟠龙柱立在大门口，笑迎四方来客。

　　齐鲁大厦是现代建筑风格与齐鲁文化的有机结合，展示山东和上海经济协同发展的纽带桥梁。

设计单位：山东省建筑设计院

建设单位：山东齐鲁实业公司

总建筑面积：5.30万m²

用地面积：7300m²

建筑层数（高度）：地上28层，地下2层；高度100m

主体结构形式：核心筒框架结构

竣工时间：1996年10月

建设地点：上海市浦东新区东方路838号

华润时代广场

　　华润时代广场地处新上海商业城商圈，位于张杨路、浦东南路交界处，毗邻复兴东路隧道口。项目由香港华润（集团）有限公司投资1.2亿美金兴建，由世界著名巴马丹拿建筑事务所整体设计，占地10244m²，总建筑面积约98807m²，包括甲级写字楼、购物中心两部分，由30层塔楼、10层裙房和2层地下车库组成，建筑高度155m。华润时代广场购物中心以时尚、舒适、典雅的购物环境，吸引了诸多国际顶级品牌第一次入驻浦东。华润时代广场办公楼，是具有国际5A智能化的涉外甲级写字楼，采用大面积玻璃幕墙配以大理石，办公空间采用无柱设计，办公条件灵活开敞，同时，聘请国际知名物业管理公司提供一流的物业管理和服务，营造出一个安全、舒适的现代化办公环境，使得华润时代广场成为浦东的地标建筑之一。

设计单位：香港巴马丹拿建筑事务所、华东建筑设计院
建设单位：上海华润有限公司
总建筑面积：9.88万m²
用地面积：10244m²
建筑层数（高度）：地上38层，高度155m
竣工时间：1996年12月
建设地点：上海市浦东新区张杨路500号

中国船舶大厦

中国船舶大厦位于浦东大道1号，由中国船舶工业总公司投资建造，美国马丁建筑设计公司、中国船舶第九设计研究院设计。大厦占地约6307m²，总建筑面积约48000m²，高25层，配备了最先进的商务、通信、安保及消防系统，为商户成功创造了最佳的现代办公环境。

中国船舶大厦当时位于陆家嘴中心区的核心区域，原本属于拆迁范围，中国船舶工业总公司审时度势，积极参与浦东开发，主动搬迁工厂设施，让出了项目现有的地区，并严格按照当时的规划要求，建设了这幢高品质的船舶大厦。

大厦建成时，因其优质的办公设施，独特的地理位置，新颖的建筑造型，获得了众多外资银行的青睐。当时浦东新区获得国家批准设立的9家外资银行企业中，就有7家不约而同地把上海总部设在了船舶大厦，成为浦东开发初期的一段佳话。

设计单位：美国马丁建筑设计公司、中国船舶第九设计院
建设单位：上海瑞舟房地产发展有限公司
总建筑面积：4.80万m²
用地面积：6307m²
建筑层数（高度）：地上25层，高度100m
竣工时间：1996年6月
建设地点：上海市浦东新区浦东大道1号

中国煤炭大厦（上海浦东假日酒店）

　　中国煤炭大厦（上海浦东假日酒店）位于东方路、向城路交界处，是煤炭系统参与浦东开发的"窗口"建筑。大厦（酒店）共32层，高150m。大厦以绿色及银色为主色调，屋顶呈螺旋上升的造型，庄重、别致、新颖，富有积极向上的时代气息。大厦1~5层为酒吧、咖啡厅、中西餐厅，多功能宴会厅及健身中心；6~13层为办公楼；15~32层为酒店客房，共有包含总统套房在内的客房320间。

设计单位：华东建筑设计院
建设单位：上海中国煤炭大厦公司
总建筑面积：6.20万m²
用地面积：8100m²
建筑层数（高度）：地上34层，高度150m
主体结构形式：核心筒框架结构
竣工时间：1996年4月
建设地点：上海市浦东新区东方路889号

浦东新亚汤臣洲际酒店（原新亚汤臣大酒店）

位于浦东新区张杨路777号的新亚汤臣洲际大酒店是浦东陆家嘴地区第一幢高标准五星级酒店，由上海新亚（集团）股份有限公司与香港汤臣（中国）有限公司联合成立新亚汤臣大酒店有限公司投资兴建集住宿、餐饮、商务、会议、旅游等服务为一体的五星级大酒店。1993年7月8日打桩建造，1996年6月28日开始营业，3年建造期创造了"浦东速度"的美誉。这是一幢高雅、简朴、富于后现代派情怀的建筑。

总建筑面积3.80万m^2，大楼高21层，地下2层，主楼下部设四层裙房。大楼共拥有422间客房，6个俱乐部楼层，110建俱乐部客房，78间套房以及1间总体套房。酒店现有3个中、西风味餐厅和酒吧，多个面积不等的大多功能厅、会议厅、宴会厅，曾先后成功接待过美国总统克林顿、法国总统希拉克等几十位国家元首，以及第九届国际企业家市长咨询会议、99"财富"论坛上海年会、2001年中国APEC会议、2002年亚洲开发银行理事会等多项国际性重要会议。

设计单位：台湾曹康事务所、上海建筑设计院
建设单位：新亚汤臣大酒店有限公司
总建筑面积：3.80万m^2
用地面积：6687m^2
建筑层数（高度）：地上21层，高度99.9m
竣工时间：1996年12月
建设地点：上海市浦东新区张杨路777号

浦东海关大楼

浦东海关大楼位于黄浦江东岸，紧邻东方明珠电视塔，与上海海关大楼隔江相望。

大楼共25层，高137.3m，由主楼和两翼裙房组成，俯视呈八字形。主楼造型似巨人躯体，两翼裙房犹如巨人伸出的双臂，寓意为张开双臂欢迎您到浦东来。顶部呈皇冠型。大楼的外立面采用磨光花岗石幕墙和中空镀膜玻璃幕墙装饰，整体风格既庄重又不失现代气息。

大楼内设有化验中心、通信中心、计算机中心、楼宇自动控制中心等，共同构成了海关这一现代化智能型大楼。由于全市海关系统的终端汇集于此，因而大楼备有自助发电机，以防断电而影响全市的海关业务。

海关大楼顶部104m处设一观光平台。站在观光平台上，向四面远眺，可将浦江两岸美景尽收眼底。

设计单位：上海华东建筑设计研究院
建设单位：上海海关大厦有限公司
总建筑面积：3.10万m²
用地面积：11500m²
建筑层数（高度）：地上25层，地下1层；高度137m
竣工时间：1996年6月
建设地点：上海市浦东新区陆家嘴西路153号

上海期货大厦

　　上海期货大厦由上海期货交易所全额投资建设，位于浦东陆家嘴金融贸易区竹园商贸区，地处世纪大道与浦电路交会处，是一座集办公、通信、结算、交易及其他服务于一体的综合性智能化楼宇，当年被上海市人民政府列为市重大建设工程项目，并被浦东新区人民政府认定为"省部楼宇"。

　　大厦高187m，地上37层，地下3层。项目按照期货交易和国际金融机构的办公需求设计，着力体现作为办公、通信、结算、交易的综合性特点，整体设计融合现代科技理念和丰富的时代气息。主楼10～36层为标准化高品质写字楼，裙房为银行服务区、国际会议中心和多功能厅。大厦拥有面积为2000m²、净高14m的交易大厅可容纳800个交易员席位。

　　大厦内信息畅通，独有采用3路供电方式以保障电力供应，可提供数字、图像、语音等高速传输；交易厅内配有完善的交易自动化系统，35m超大显示屏可及时发布期货行情。

设计单位：美国JY设计事务所、上海建筑设计院
建设单位：上海期货交易所
总建筑面积：7.14万m²
用地面积：9100m²
建筑层数（高度）：地上37层，地下3层；高度187m
主体结构形式：框架结构
竣工时间：1997年10月
建设地点：上海市浦东新区浦电路500号

嘉兴大厦

嘉兴大厦位于浦东陆家嘴金融贸易区竹园商贸区，是全国地级市在浦东投资建成的第一幢大厦，也是浙江省在浦东投资建成的第一幢大楼。

大厦由上海兴嘉实业总公司投资，外观造型独特，圆弧形玻璃幕墙层层推进，像高高扬起的风帆。占地面积3805m²，总面积3万m²，建筑高度98m，共26层。大厦裙楼内设置各式餐厅、商场及商务中心等配套设施。

设计单位：同济大学建筑设计研究院

建设单位：上海兴嘉房地产开发有限公司

总建筑面积：2.80万m²

用地面积：3805m²

建筑层数（高度）：地上26层，地下2层；高度98m

主体结构形式：框架结构

竣工时间：1996年6月

建设地点：上海市浦东新区东方路887号

上海明城大酒店（原明城花苑）

　　上海明城大酒店的前身明城花苑，是浦东开发初期由上海陆家嘴（集团）有限公司投资兴建的项目之一，坐落于陆家嘴金融贸易区竹园商贸区的2–2地块，占地约9800m²，总建筑面积约53986m²，是一座涉外标准的豪华公寓，拥有280套风格各异的豪华套房。大厅顶部透明玻璃天窗和落地幕墙，充分采集自然光线，全大理石地面和挑高3层的大堂空间显得非常大气、宽敞，公寓配套设施完整，游泳池、健身房、娱乐室一应俱全。当年在建成前就专门到日本进行推销，获得了日本各界商务人士的认可，一度成为浦东日本商务人士最集聚的地方。

　　随后根据经济形势的变化，明城花苑改建为上海明城大酒店，成为一间四星级标准的国际型豪华酒店，为来往浦东的商务旅行客人提供全方位的服务，酒店因出色完成2001年在上海召开的APEC会议指定接待任务而荣获政府贡献奖。

设计单位：冯庆延设计师事务所、华东建筑设计院
建设单位：上海陆家嘴金融贸易区联合发展有限公司
总建筑面积：5.30万m²
用地面积：9888m²
建筑层数（高度）：地上28层；高度95m
竣工时间：1996年3月
建设地点：上海市浦东新区崂山东路600号

上海房地大厦

　　位于陆家嘴金融贸易区栖霞路与南泉北路交界之处，临近世纪大道，身处小陆家嘴金融区和以第一八佰伴商厦为代表的商业核心商圈之间，区位优势明显。

　　房地大厦外形优雅，采用直冲云霄的尖顶式建筑楼冠造型，外墙采用进口24K镀金双层中空反光玻璃外墙，金灿耀眼，象征展翅的金鹏，引领、辐射浦东陆家嘴区域。

　　在1996年建成伊始，作为上海市住房保障和房屋管理局使用至今，是当年第一个整体迁移至浦东的市级职能局，并一直引领浦东新区，以及上海市房地产交易市场的发展，其建立的上海市房地产交易中心成为浦东新区重要要素市场之一。

设计单位：上海中房建筑设计院
建设单位：上海国安房地产发展有限公司
总建筑面积：4.09万m²
用地面积：5376m²
建筑层数（高度）：地上31层，地下2层；高度128m
竣工时间：1996年6月
建设地点：浦东新区南泉北路201号

华能联合大厦

华能联合大厦位于陆家嘴环路与东城路交会口，是中国华能集团在浦东的标志性建筑物。大厦位于浦东陆家嘴中心区的黄金地段，交通便捷，位置显赫，正向面对陆家嘴10万m²的中心绿地。项目占地9300m²，楼高188m（到达天线顶端），总建筑面积72300m²。这是一座由5层裙房，33层标准写字层及3层地下停车库组成的5A级智能型办公综合楼。

华能联合大厦楼体方正，造型美观大方。大厦建筑风格独特，外观装饰采用高强度蓝绿色镀膜反射玻璃幕墙和优质面砖，十分醒目。与众不同的燕尾状顶部设计与周边多以圆弧形封顶的楼宇形成强烈的对比。

华能联合大厦拥有浦东第一批省部楼宇的荣誉称号。国内首家证券博物馆——历道证券博物馆，于2004年1月10日落户华能联合大厦，为其增添了浓厚的人文文化气息。

设计单位：华东建筑设计研究院
建设单位：上海华能房地产开发有限公司、申能集团、久事集团
总建筑面积：7.23万m²
用地面积：9300m²
建筑层数（高度）：地上38层，地下3层；高度188m
竣工时间：1997年6月
建设地点：上海市浦东新区陆家嘴1-2-2地块

新上海国际大厦

　　新上海国际大厦坐落在陆家嘴中心区的核心区域，是一座现代化、智能型、综合性的金融办公大楼，由加拿大B+H国际建筑师事务所设计。与周围办公楼、商业中心、宾馆等高标准楼宇构成现代化建筑群体。

　　新上海国际大厦主楼采用低反射、防紫外线的双层中空镀膜玻璃，主立面为浅绿色，四角局部为银灰色，两者相映，显示出大厦的挺拔修长；裙房外墙由意大利大块灰白花岗石镶嵌加拿大褐色花岗石构成。亭亭玉立的塔楼耸立在坚实稳重的基座上。倒锥形的直升机停机坪顶面赋予大厦显著的识别性。从顶层的观光餐厅极目远眺，浦江两岸风光尽收眼底。

　　新上海国际大厦具有上海建筑文化气息及鲜明时代感，形象简练挺拔，色调含蓄，质地稳重，以独特的圆形符号贯穿上下。在浦东众多的高楼大厦中，以空灵清秀、挺拔俊美而显示出独特的风格。

设计单位：加拿大B+H国际建筑师事务所
建设单位：新上海国际大厦有限公司
总建筑面积：7.68万m²
用地面积：6800m²
建筑层数（高度）：地上48层，地下4层，高度168m
竣工时间：1997年5月
建设地点：上海市浦东新区浦东南路360号

中国石油大厦

　　中国石油大厦是中国石油天然气集团公司在浦东陆家嘴金融贸易区兴建的一座石油企业标志性建筑。大厦位于陆家嘴金融贸易区竹园商贸区，是一幢集酒店服务、商务办公和餐饮娱乐为一体的综合性大厦，共投资7亿元人民币，是中国陆上石油系统参与浦东开发开放的标志。大厦楼高140m，地上33层，地下2层，总建筑面积5.5万m²。

　　大厦整体造型感强烈，外观不加矫饰，简洁明快，体现了石油行业庄重，务实的企业特征。主体采用钢混结构，外墙饰以天然花岗石材，配以四角银灰色玻璃幕墙。大厦在1997年荣获上海市建筑工程"白玉兰奖"，并在45个获奖工程中位居榜首，创造了浦东楼宇建筑中的一个奇迹。现为上海中油阳光大酒店。

设计单位：上海建筑设计院

建设单位：上海浦东华油实业有限公司

总建筑面积：5.5万m²

用地面积：7300m²

建筑层数（高度）：地上33层，地下2层；高度137m

主体结构形式：核心筒框架结构

竣工年份：1997年4月

建设地点：上海市浦东新区东方路969号

金穗大厦

　　金穗大厦由香港著名设计师冯庆延主持设计，外形融合现代与古典建筑之美。耀目生辉的金属板嵌玻璃幕墙，衬以高贵大方的花岗石，益显其尊贵形象。

　　金穗大厦楼高110m，由28层高级办公主楼、6层裙房和2层地库组成，矗立于浦东陆家嘴最繁荣的金融中心区，为区内极具代表性的建筑，亦是海内外商贾争相进驻的优选场所。

设计单位：香港冯庆延设计师事务所

建设单位：上海新金穗实业（集团）股份有限公司

总建筑面积：5.14万m²

用地面积：6700m²

建筑层数（高度）：地上28层，地下2层，高度110m

竣工时间：1996年12月

建设地点：上海市浦东新区浦东南路379号

金茂大厦

金茂大厦位于上海浦东新区黄浦江畔的陆家嘴中心区的核心区域，楼高420.5m，竣工于1999年，曾经是中国大陆最高，目前是上海第3高的摩天大楼。金茂大厦毗邻上海地标性建筑物东方明珠、与上海环球金融中心和上海中心大厦一起构成陆家嘴中心区超高建筑群，与10万平方米的陆家嘴中心绿地形成对景，又与浦西的外滩隔岸相对，是上海最著名的景点以及地标之一。

大厦于1994年开工，1999年建成，地上88层，到尖塔的楼层共有93层，地下3层，楼面面积278707m²，有多达130部电梯与555间客房，现已成为上海的一座地标，是集现代化办公楼、五星级酒店、会展中心、娱乐、商场等设施于一体，融汇中国塔形风格与西方建筑技术的多功能摩天大楼，由著名的美国SOM设计事务所设计。

金茂大厦第3～50层为可容纳10000多人同时办公的、宽敞明亮的无柱空间；第53～87层为世界上最高的超五星级金茂君悦大酒店，其中第56层至塔顶层的核心内是一个直径27m、阳光可透过玻璃折射进来的净空高达142m的"空中中庭"，环绕中庭四周的是大小不等、风格各异的555间客房和各式中西餐厅等；第86层为企业家俱乐部；第87层为空中餐厅；距地面340.1m的第88层为国内第二高的观光层（仅次于环球金融中心），可容纳1000多名游客，内部速度为9.1m/秒的高速电梯用45秒将观光宾客从地下室1层直接送达观光层。

SOM在造型设计上力求寻找一种现代超高层建筑与中国历史建筑文脉相沿袭的结合模式，最终选定了西安的大雁塔作为建筑顶部造型设计原型。设计师又研究了北京紫禁城的平面布局，并将紫禁城金水玉带的吉祥格局巧妙地引申到金茂大厦的形体设计中。

金茂大厦平面采用双轴对称的形式，它的形体通过其平面方正与切角的转换，形成收放节奏韵律的变化，蕴含了中国塔造型的寓意，并真实反映了本大楼空间组合特点和经济可靠的超高层结构体系。值得一提的是悬挂于塔楼幕墙表面的不锈钢构件，它在不锈钢饰条的精致与塔楼的大尺度之间，提供了一种使两者平衡的元素。塔楼的银色基调与天空背景交相辉映，反映出周围建筑和环境的色彩。它随时空的转换而变幻莫测。金茂大厦是中国建筑的文化内涵与现代超高层建筑技术的完美统一。

设计单位：美国SOM设计事务所、华东建筑设计院
建设单位：中国金茂（集团）股份有限公司
总建筑面积：28.74万m²
用地面积：22500m²
建筑层数（高度）：地上88层，地下3层；高度420.5m
竣工时间：1996年12月
建设地点：上海市浦东新区世纪大道88号

华夏银行大厦（原京银大厦）

　　华夏银行大厦地处陆家嘴中心区核心区域，居10万 m^2 中心绿地东北侧，浦东大道及浦东南路交会处，紧靠中国人民银行上海分行大厦，与著名的东方明珠电视塔遥相辉映。其周围道路环绕，配套合理，是理想的全智能化高档办公大厦。

　　大厦占地8600 m^2，总建筑面积67500 m^2，地下2层，共有车位238个，地上裙楼3层及36层标准办公大楼。1997年被上海市建筑业评为优质施工典范。大厦4～39层为高智能标准写字楼，每层面积约1400 m^2。5A智能系统包括楼宇管理自动化、办公自动化、通信自动化、安保自动化、消防自动化。备有高速载客电梯8部，自动扶梯4台。

设计单位：上海华东建筑设计研究院
建设单位：中国华能房地产开发公司、韩国汉拿建设株式会社
总建筑面积：6.75万 m^2
用地面积：8600 m^2
建筑层数（高度）：地上39层、地下2层；高度160m
竣工时间：1998年8月
建设地点：上海市浦东新区浦东南路256号

恒生银行大厦（原森茂国际大厦）

上海恒生银行大厦，原名森茂国际大厦，2000～2010年间曾命名为上海汇丰银行大厦，是日本森大厦集团集中了在东京建筑经营达40年而孕育出的专业技术，推出的智能化大厦。由于24小时不间断国际商务活动的普及，大厦的现代办公空间已无国境与时间之概念，具备与办公室租户多样化的需要相匹配的空间、功能与使用舒适度。特别是大厦位于陆家嘴金融中心区——一个超级经济集结区，这为活跃于国际舞台的超一流企业提供了高标准活动空间。

大厦地上46层，地下4层，建筑高度203m，总建筑面积为11.68万m²。大楼1～3层及46层为商业餐饮设施，4～45层为办公用房，17层、32层设避难层，屋顶设有直升机停机坪。该项目荣获1999年度上海市优秀勘察设计项目优秀设计奖。

大楼建成后，香港上海汇丰银行向业主购入第34～36层，地面商铺命名权和标识权，并成为香港汇丰银行有限公司在中国大陆的总办事处，地面楼层为汇丰上海分行，大楼更名为上海汇丰银行大厦。汇丰银行（中国）有限公司于2007年成立，该大楼继续成为该行总部。直至2010年，汇丰（中国）迁入上海国际金融中心的汇丰银行大楼为止。2010年5月20日恒生银行购入原汇丰持有的所有楼面，大楼再次更名为上海恒生银行大厦。

设计单位：日本株式会社藤田、株式会社大林组、华东建筑设计研究院
建设单位：上海森茂大厦房地产发展有限公司
总建筑面积：11.68万m²
用地面积：10400m²
建筑层数（高度）：地上46层，地下4层；高度203m
竣工时间：1998年4月
建设地点：上海市浦东新区银城东路101号

国家开发银行大厦（原建设大厦）

　　国家开发银行大厦是陆家嘴核心商圈中极具代表性银行总部的大楼之一。位于金融贸易区内浦东南路与浦东大道的交会处，雄踞陆家嘴金三角地段。

　　大厦建筑面积约6.6万m²，楼高41层，地下3层为车库，可提供200个车位，裙楼共5层，集银行、餐饮、会议中心、商务中心、展示厅等功能为一体，6～40层为纯办公区域，每层面积为1500m²左右，可自由分割组合，大厦外部色调庄重。

　　大厦外立面由大块灰色花岗石砌成，色调庄重浑厚，大楼入口有2根挑高石柱。五楼会议中心建筑面积约4000m²，有风格各异的8间方形、船形、扇形、环形、钻石形会议室等。

设计单位：上海华东建筑设计研究院
建设单位：上海市城市建设投资开发总公司
总建筑面积：6.60万m²
用地面积：7500m²
建筑层数（高度）：地上41层，地下3层；高度159m
竣工时间：1997年6月
建设地点：上海市浦东新区浦东南路500号

世界金融大厦

　　由中国建设银行上海市分行和香港新世界集团联合建设的世界金融大厦高167m，地上43层，地下3层，总建筑面积为87758m^2。大厦设计融会欧美流行的现代化建筑之优及中国传统建筑的古朴之美。大厦呈椭圆柱形，主楼背向布置，扇形裙房，皇冠型楼顶，浅灰绿玻璃幕墙，整座大厦呈现出庄重和稳固的基调，气派盎然，配合高耸雄伟挺拔的外形，更能衬托出建设银行的雄厚势力和辉煌的业绩形象。

设计单位：同济大学建筑设计研究院、香港立安顾问有限公司
建设单位：上海新世界—建设发展有限公司
总建筑面积：8.70万m^2
用地面积：8250m^2
建筑层数（高度）：地上43层，地下3层；高度167m
竣工时间：1997年10月
建设地点：上海市浦东新区陆家嘴环路900号

摄影：秦智渊

宝钢大厦

　　宝钢大厦矗立于竹园商贸区的核心区域，大厦高130m，由地下3层，地面33层组成，总建筑面积达7.2万m²，是集贸易、办公、会议及餐饮等为一体的综合性大厦。上海宝钢集团公司总部设在大厦内。

　　大厦内配有一流的交易场所，先进的综合布线系统和充裕的通信线路，并以便捷的内部垂直交通，宽敞明亮的交易大厅和众多的洽谈室、会议室见长于其他大厦，其中的多功能会议厅在浦东新区屈指可数。

　　大厦1～4层为裙房，设有商务中心、票务中心、交易场所、多功能厅、餐厅和会议中心5～25层为办公用房，26～29层为客房，30层为高级接待中心。

　　大厦配备有3个大型交易厅和1个博览厅，可供进驻客商交易展示。30余间各类大小会议室安装了多媒体投影、同声传译等先进设施，可满足不同规模的会议需求，其中最大会议厅可容纳约1000人。

设计单位：江苏省建筑设计院
建设单位：上海宝钢集团有限公司
总建筑面积：7.20万m²
用地面积：8300m²
建筑层数（高度）：地上33层，地下3层；高度130m
主体结构形式：框架结构
竣工时间：1997年3月
建设地点：上海市浦东新区浦电路370号

中国保险大厦

　　体现中国保险业精神形象的中国保险大厦为一幢高智能化的甲级商务办公大楼，高约150m，总建筑面积61000m²，为39层白花岗石玻璃帷幕的双塔型大楼。坐落于陆家嘴中心区的核心位置，世纪大道与陆家嘴路交会的黄金角地，交通便捷。大厦面向浦江，遥对东方明珠，正立面有开阔的视野带，可以综观浦西外滩的独特全貌，鸟瞰浦东新区的日色夜景，饱览中心绿地的自然风光。

　　中国保险大厦有20个楼面的大开间办公层，11个楼面的高级办公层；38楼为高级会所。29个楼面的大开间办公层，规格齐全，间隔方便；4个楼面的小单元办公层，条件一流，设施完善；1~2层双扇形裙房内，银行、餐饮、咖啡厅、票务中心等一应俱全。地下建筑层中，拥有200多个车位的现代化泊车中心。

　　大厦的设备管理系统是根据目前国际上最先进的分布式控制理论而设计的集散型系统，利用现代计算机技术、现代控制技术、现代通信技术及现代图形显示技术，对空调、照明、电梯、安保消防等系统进行集中管理分散控制，由此营造出安全、高效、便捷、高雅的工作与生活环境，成为浦东新区高品质的写字楼代表。

设计单位：加拿大WZMH设计师事务所、上海华东建筑设计研究院
建设单位：中国保险大厦
总建筑面积：6.10万m²
用地面积：7300m²
建筑层数（高度）：地上40层，地下3层；高度150m
竣工时间：1998年5月
建设地点：上海市浦东新区陆家嘴东路166号

震旦国际大楼

　　震旦国际大楼是1998年陆家嘴中心区首先建成的高品质5A甲级智能化办公楼，外观为上海黄浦江沿岸独一无二的金色设计，室内采用古典高雅的欧洲宫廷式建筑风格，建筑高度158m，主楼共37层，辅楼6层，地下3层，建筑总面积超过8.7万m²。

　　主楼五楼以上为金银色相间的玻璃幕墙，五楼以下为典雅华丽的花岗石材墙面，大堂挑高12m，以金色为主色系，欧洲宫廷式穹顶设计，精美的吊顶灯饰，充分展现大楼古今合璧，稳重气派的形象。夜晚，泛光照明与LED动感画面相互辉映，形成黄浦江畔独特的景观之一。

　　震旦国际大楼设有250个以上座席的多功能国际会议厅，具备同声翻译系统、双向电视电话会议系统、VSAT卫星通信等。

　　2012年2月，震旦国际大楼还聘请日本建筑大师安藤忠雄完成了震旦博物馆的改建。博物馆集展览、研究、典藏、推广等功能于一体。其珠宝盒般的外观、干净利落的线条光影错落，无不为震旦国际大楼增添了高尚艺术的色彩。

设计单位：日本日建设计株式会社
建设单位：震旦国际大楼（上海）有限公司
总建筑面积：8.70万m²
用地面积：9720m²
建筑层数（高度）：地上37层，地下3层，高度158m
竣工时间：1998年12月
建设地点：上海市浦东新区富城路99号

上海国际会议中心

　　上海国际会议中心位于浦东滨江大道，与浦西外滩建筑群隔江相望，与东方明珠、金茂大厦一起组成陆家嘴地区的一道著名的风景线。上海国际会议中心总建筑面积达9.5万m^2，拥有现代化的会议场馆：有4300m^2的多功能厅和3600m^2的新闻中心各1个，可容纳50～800人的会议厅30余个；豪华宾馆客房、商务套房近270套；还有高级餐饮设施、舒适的休闲场所和600余个车位。1999年9月，20世纪最后一次"财富"全球论坛就是在这里举行的。

　　上海国际会议中心于1999年8月建成。国际会议中心乳白色的外墙轻轻地托起2只巨大的球体。大球直径50m，高51m；小球直径也是50m，但高只有38m，一大一小，相映成趣。球体上的透明玻璃拼装出世界地图图形，意寓"上海走向世界"。上海国际会议中心的外墙总面积达25860m^2，采用了微晶银幕墙、花岗石幕墙、金属铝板幕墙、玻璃幕墙等外墙材料，显得凝重高雅。外墙上安装的25只每只约8吨重的石柱帽，更突出建筑物的雄伟壮观。

设计单位：浙江省建筑设计研究院
建设单位：上海东方明珠股份有限公司
总建筑面积：9.50万m^2
用地面积：18000m^2
建筑层数（高度）：地上11层，高度51m
竣工时间：1999年8月
建设地点：上海市浦东新区滨江大道2727号

陆家嘴商务广场（原浦项商务广场）

　　陆家嘴商务广场原名浦项商务广场，由韩国浦项制铁集团全额投资约1.5亿美元兴建，是国际知名的美国贝聿铭建筑设计事务所精心设计的经典之作。大厦办公主楼和商业楼之间运用中国传统庭院式设计观念，融入"天圆地方"的中华传统理念，使人们感受到了东方文化的内涵。由于精湛的设计创意和卓越的品质，曾荣获建国50年上海市经典建筑和浦东开发10年金奖建筑。2009年被上海陆家嘴（集团）有限公司以独到的眼光、优惠的价格全部收购下来，并继续运营至今。

　　广场总建筑面积98130m²，建筑高度156m，主楼地上34层，地下4层。地处陆家嘴金融贸易区浦东轴线大道——世纪大道浦电路口，毗邻浦东新区政府、世纪公园、上海科技馆、东方艺术中心等著名景观，地理位置优越，地铁2号线、4号线和6号线为项目创造了良好的交通条件。

设计单位：美国贝聿铭建筑设计事务所
建设单位：上海浦项房地产开发有限公司
总建筑面积：9.8万m²
用地面积：11400m²
建筑层数（高度）：地上34层，地下4层；高度156m
主体结构形式：核心筒框架结构
竣工时间：1999年9月
建设地点：上海市浦东新区世纪大道1600号

上海国际航运大厦

　　上海国际航运大厦位于陆家嘴金融贸易区浦东大道、福山路交界处，是一座集办公、酒店、商业为一体的现代化综合性办公楼。大厦由中国远洋运输（集团）总公司（COSCO）投资1.92亿美元兴建，项目于1994年10月开始建造，1998年5月结构封顶，1999年全部建成投入使用，该工程获得了上海市金属结构建设工程"金刚奖"。

　　大厦高50层，地下3层，总建筑面积约13.83万m²，建筑高度232m，其中30～49层为海神诺富特酒店，建筑造型挺拔，屋顶的旋转餐厅可以瞭望陆家嘴区域的全景，整体造型犹如一艘乘风破浪航行的巨轮。大厦建成后，吸引了一大批中远、中海、赫斯基船运等国际知名的航运船务企业，成为名副其实的浦东"国际航运中心"。

设计单位：加拿大B&W班德国际工程集团公司、华东建筑设计院
建设单位：国际航运大厦有限公司
总建筑面积：13.83万m²
用地面积：12020m²
建筑层数（高度）：地上50层，高度232m
竣工时间：1997年12月
建设地点：上海浦东新区浦东大道720号

浦发大厦

　　浦发大厦与环球金融中心、金茂大厦仅一街之隔，近地铁2号线东昌路站，交通便利，地段优势极为显著，是上海标志性的建筑之一。

　　浦发大厦从美国华尔街获取灵感，以古典体现现代，以跨世纪的心胸展望将来。楼高147m，总建筑面积达70000余平方米，具备18m高的门庭。

　　浦发大厦外面采用了仿古型阶梯式建筑，使用了大量石材与玻璃幕墙有机结合的手法，来表现其庄重典雅的建筑风格，象征浦东发展银行的稳固和长远。气势恢弘的银行大堂和开放通透的营业大厅主厅，完美地表现出银行内部主要特征。

　　浦发大厦楼内采用最新的智能化系统，代表了当今最新的技术成就，使之成为上海浦东新区现代化城市地标之一。

设计单位：加拿大WZMH设计师事务所
建设单位：上海东展有限公司、上海浦东发展银行
总建筑面积：7.10万m²
用地面积：6947m²
建筑层数（高度）：地上36层，地下3层，高度147m
竣工时间：1999年10月
建设地点：上海市浦东新区浦东南路588号

世纪金融大厦（原巨金大厦）

世纪金融大厦，原名巨金大厦、工商银行巨金大厦，耸立在陆家嘴中心区的核心地区，是上海银厦房地产公司投资兴建的中国工商银行上海分行办公大楼。它集金融服务与银行办公于一体，其外形就像一艘扬起风帆的巨轮向着海洋竞发。

世纪金融大厦位于陆家嘴金融贸易区1-4-5地块，南临浦东大道，西接船舶大厦，东为即墨路。项目占地约8600m²，总建筑面积约64569m²，地上28层，地下2层，裙房6层，主楼高124.40m，是一幢现代化智能化大楼。整体建筑呈双体弧形板形，造型优美生动，富有强烈的时代气息。

设计单位：美国JWDA设计公司
建设单位：上海银厦房地产开发有限公司
总建筑面积：6.46万m²
用地面积：8600m²
建筑层数（高度）：地上28层，地下2层；高度124m
竣工时间：1999年
建设地点：上海市浦东新区浦东大道9号

中国民生银行大厦（原中商大厦）

  中国民生银行大厦位于上海浦东新区陆家嘴中心区的核心位置，地处延安东路隧道出口，世纪大道的北侧，位于浦东南路与银城中路交会处。

  中国民生银行大厦，前身为中商大厦，竣工于1995年。由于种种原因，大厦建成后的10年里从未使用过。总建筑面积68015m^2，主楼35层，裙房4层，地下室2层，建筑高度134.2m。2004年，中国民生银行通过对该大厦收购、增容、增高、改扩建后，本项目已成为一幢主楼45层，裙房6层，总建筑面积为95758m^2，建筑高度从134.2m提高到189m的银行总部办公大楼。

设计单位：上海华东建筑设计研究院
建设单位：上海民生银行股份有限公司
总建筑面积：9.60万m^2
用地面积：9000m^2
建筑层数（高度）：地上45层，地下2层，高度189m
竣工时间：2009年7月
建设地点：上海市浦东新区浦东南路100号

上海信息枢纽大厦

　　上海信息枢纽大厦位于陆家嘴中心区，是一座具有高度智能化通信信息枢纽的建筑。大楼地上41层，地下4层。建筑面积约10.2万m²，建筑高度达286m（到达天线塔顶端），整幢建筑呈门形结构。

　　上海信息枢纽大楼是上海信息港工程的重点项目和上海市重大工程项目之一。集通信博物馆、通信机房及办公等功能于一体，是"上海信息港"事业的象征之塔。大楼的结构采用将纵向交通及设备井集中在2个端部的形式，即用交通型双核＋超级框架的形式代替惯用的中心核心筒模式，在确保结构稳定的同时，实现了通信功能上必要的安全性管理、灵活的高大空间、最少的占地面积以及高33.5m的开放无柱中庭等多项设计。高精度的超级框架结构，装有排烟设备的单元式幕墙，以及国内最大级的DPG玻璃也是本项目的先进建筑技术特点。

设计单位：日本日建设计株式会社、青岛北洋建筑设计有限公司
建设单位：中国电信集团上海市电信公司
总建筑面积：10.2万m²
用地面积：8300m²
建筑层数（高度）：地上41层、地下4层；高度286m
主体结构形式：劲性钢骨混凝土筒体和巨型钢结构桁架
竣工时间：2000年6月
建设地点：上海市浦东新区民生路1403号

中银大厦

上海中银大厦位于陆家嘴中心区核心地块。大厦由日本日建设计公司设计，建筑总高度230m，地下3层，地上53层。项目总投资2.3亿美元，是以中国银行上海信托投资公司、中银集团投资有限公司等为主投资兴建的一幢集金融、办公、餐饮、休闲于一体的超高层甲级智能化办公楼。主要功能有中银上海分行办公楼、出租办公楼、银行营业厅、演讲厅、多功能厅、俱乐部、健身中心、餐厅及职工食堂等。大厦建筑造型优雅简洁、设计手法新颖。

上海中银大厦建筑造型新颖，由古老的铸币（布币）而抽象出的形态，象征着中国金融的历史和未来。天圆地方的建筑形态，竖直向上的建筑线条，塑造了一座晶莹剔透的水晶之塔。屋顶的碗式造型似乎又象征一个聚宝盆。

中银大厦在上海地区是较早开始运用内光外透的设计手法，窗帘箱外侧安装日光灯带，内侧安装窗帘，夜间通过日光灯带的外透形成了秀美的内光外透，充分展现建筑的体形和轮廓，丰富了城市的夜色。由于建筑立面的要求，从23层开始建筑平面由正方形逐步转换成纺锤形。设计充分利用中央混凝土筒体的刚度和稳定性，转换层设计摒弃传统的巨型桁架承托，采用与建筑设计最为贴切的受力流畅的斜柱框架结构，节约了工程造价，并提高施工效率。

设计单位：日本日建设计株式会社、上海建筑设计院
建设单位：上海浦东国际金融大厦有限公司
总建筑面积：12.00万m²
用地面积：9919m²
建筑层数（高度）：地上53层，地下3层；高度230m
竣工时间：2000年9月
建设地点：上海市浦东新区银城中路200号

三、2001～2010年建设项目位置示意图（40项）

2001～2010年建设项目位置示意图
（楼宇序号索引见第四部分建设项目汇总表）

瑞苑公寓（原上海浦东雅诗阁服务公寓）

　　瑞苑公寓位于陆家嘴中心区的核心区域，浦东大道3号，前身为上海浦东雅诗阁服务公寓，由中国船舶工业总公司投资兴建，项目建成后即由全球国际性服务公寓连锁企业——雅诗阁集团提供服务管理。瑞苑公寓，建筑面积约3.5万m^2，总高度120m，地上34层，地下2层，每层层高3.0m，每层2～4户。项目共有248套公寓，以一房（66m^2）和两房（168平方米）为主，少量大面积的四房单位，更有部分享受私家入户电梯，部分房间可以全览黄浦江景。项目配置齐全，家具家电一应俱全，租客拎包即可入驻，还配置有室内温水游泳池、室内网球场、餐厅和咖啡厅、商务中心和会议室、阅览室，为浦东开发，为参与的国际企业领导创造了一个温馨的居住家园，使租客充分享受国际顶级公寓的服务和品质享受。

设计单位：中国船舶第九设计院

建设单位：上海瑞舟房地产发展有限公司

总建筑面积：3.50万m^2

用地面积：15470m^2

建筑层数（高度）：地上34层，高度120m

竣工时间：2001年

建设地点：上海市浦东新区浦东大道3号

云南大厦（原瑞吉红塔大酒店）

由"红塔山"这一中国驰名商标演绎命名的原瑞吉红塔大酒店位于东方路、向城路交会处，高140m，地上38层，地下3层，按照国际五星级酒店标准建造的现代建筑。

酒店造型新颖独特：既像两片错叠的"烟叶"——云南的经济优势，又像绽放的"白玉兰"——上海市的市花；室内设计由国际一流室内设计公司HBA香港分公司承揽。酒店共有各类标房、套房336间，标准客房建筑面积达到48m^2，开创了上海标准客房建筑面积之最。

瑞吉红塔大酒店是中国东西部交流的范例之作，是云南省积极支持、参与浦东建设的里程碑建筑。现改名为"云南大厦"。

设计单位：SYDNESS事务所

建设单位：云南红塔集团

总建筑面积：5.30万m^2

用地面积：6000m^2

建筑层数（高度）：地上38层，地下3层，高度140m

主体结构形式：核心筒框架结构

竣工时间：2000年6月

建设地点：上海市浦东新区东方路889号

宝安大厦

　　宝安大厦地处竹园商贸区的核心位置，位于崂山东路、潍坊路交界处，是一幢糅合了东方智慧理念与西方建筑科技精华的大厦。大厦采用蓝色全玻璃幕墙装饰。命名为"太阳座"的主楼金莹剔透，共38层，高138m，呈圆筒形，为标准化现代写字楼。命名为"月亮座"的辅楼高贵典雅，共16层，为高星级酒店。两楼相映，日月同辉，寓意恒久。

　　大厦集甲级写字楼、高级商务会所以及酒店于一体，全透明的观光电梯可直达顶部富丽堂皇的高级商务会所。1996年首届上海旅游节期间，"空中王子"柯克伦曾在高空举杆走钢丝，成功登临大厦顶楼，创造了当时的吉尼斯纪录。

设计单位：浙江省建筑设计院
建设单位：宝安企业有限公司
总建筑面积：8.50万m²
用地面积：12800m²
建筑层数（高度）：地上38层，高度138m
主体结构形式：框架结构
竣工时间：2001年1月
建设地点：上海市浦东新区东方路800号

上海新国际博览中心

　　上海新国际博览中心由上海陆家嘴展览发展有限公司与德国汉诺威展览公司、德国杜塞尔多夫展览公司、德国慕尼黑展览公司共同投资建设，注册资本为12150万美元。自首个场馆于2001年11月正式竣工以来，经历12期扩建，于2011年10月全部落成，共有17个单层无柱式展厅，展览面积室内20万m²，室外10万m²。每年举办80余场知名展览会，吸引400余万海内外观众和8万余名国内外展商。其会展面积销售合同、展会数量、场馆总利用率均处于世界领先的水平。

　　上海新国际博览中心每个展厅规模为70m×164m，净高11～17m，均为一层无柱式结构，屋顶由玻璃纤维膜覆盖，为大厅提供了柔和的日光。展厅使用分散空气式调节概念，外墙上每12m设置一个空气调节器，通过中心控制调节送风、采暖和制冷。每个展厅提供了无柱、高大宽敞的可灵活分隔展览空间。新颖的大跨度空间钢屋铰接柱结构体系和弧形的膜屋面等，使建筑更趋轻巧、美观。展厅的重复结构形成波浪，独特新颖。

设计单位：美国MURPHY/JAHN设计公司、上海建筑设计研究院有限公司
建设单位：上海新国际博览中心有限公司
总建筑面积：41万m²
用地面积：75.83万m²
建筑层数（高度）：地上2层，高度17m
竣工时间：2001年11月至2011年10月
建设地点：上海浦东龙阳路2345号

交银金融大厦

　　交银金融大厦位于陆家嘴中心区B1-3地块，交通银行总行在该大厦办公。大厦由德国ABB/OBERMEYER工程公司和华东建筑设计研究院合作设计。

　　交银大厦的设计者独辟蹊径，将单幢塔楼分为2座具有一定相似性的塔楼，南楼42层，建筑高度为196m，北楼50层，建筑高度为229m，2座塔楼之间由天桥相连，东西两侧全部为玻璃幕墙。双塔楼的H造型充分体现了交通银行高形象、高质量及高功能性。大厦的结构突破了高宽比的设计常规，核芯筒亦不像其他建筑仅位于中间，2座塔楼之间形成达163m的中庭，使塔楼之间、大厅内外、上下都有机地联系在一起，既增加了大楼运作的透明度，也改善了内部的通风与采光。高低错落的塔楼既从功能上把交通银行自用和出售部分自然分开，又从体形上使建筑主体更加修长挺拔。另外大厦通过拱廊与相邻的建筑相连并有通道通到地铁车站。

设计单位：德国ABB事务所、德国OBERMEYER工程公司、华东建筑设计研究院
建设单位：交通银行大厦有限公司
总建筑面积：9.90万m²
用地面积：9900m²
建筑层数（高度）：南塔楼地上55层，北塔楼地上47层，地下4层；高度230m
竣工时间：2000年9月
建设地点：上海市浦东新区银城中路188、190号

上海科技馆

上海科技馆2001年4月基本建成，位于花木行政文化中心区的世纪广场西侧，南邻世纪公园。主馆占地面积6.8万多平方米，总建筑面积9.8万m²，总投资17.55亿元。

上海科技馆以自然、人文、科技为主题，融展示、会展、教育、科研、交流、收藏与制造、休闲、旅游于一体，分为11个风格各异的主题展区，4个高科技特种影院，3个古今中外科学家及其足迹的艺术长廊，2个主题特展和若干个临时展厅，它们共同为四方游客生动地演绎着"自然、人、科技"的永恒话题。

上海科技馆是中国规模最大，设施最先进的科技馆之一，是上海市人民政府为贯彻落实科教兴国战略，提高城市综合竞争力和市民科学文化素养而投资兴建的具有中国特色、时代特征、上海特点的综合性的自然科学技术博物馆，是对公众进行科普教育的公益性机构，是中国重要的科普教育基地和精神文明建设基地。

2001年10月21日亚太经合组织（APEC）第九次领导人非正式会议在上海科技馆举行，2001年12月18日首期展示对公众开放。上海科技馆是中国首家通过ISO9000/14000国际质量/环境标准认证的科技馆，已经成为国家AAAAA级科普旅游景点。

设计单位：美国RTKL建筑设计有限公司、上海建筑设计院
建设单位：上海市人民政府
总建筑面积：9.80万m²
用地面积：6.87万m²
建筑层数（高度）：地上4层，地下1层，高度50.2m
主体结构形式：钢筋混凝土
竣工年份：2001年4月
建设地点：上海市浦东新区世纪大道2000号

正大广场

正大广场坐落在黄浦江畔，毗邻东方明珠、上海国际金融中心、上海国际会议中心，处于被称为"东方华尔街"的上海浦东陆家嘴黄金地段，是由泰国正大集团旗下的上海帝泰发展有限公司投资兴建的大型国际化都会购物中心，总建筑面积接近25万m²，地上9层，地下3层。是正大集团在中国最大的投资项目之一。

正大广场横卧于黄浦江东岸的陆家嘴，其设计构思源自"飞龙腾越"的创意。由世界知名的美国捷得设计公司设计，其重视空间超过建筑本身的设计理念代表了世界零售业的发展趋势，在设计正大广场项目时，深入地研究了上海的人文环境和气候特点，根据多年的设计实践以及对市场及人类生活和社会行为的研究，为正大广场制定了"四季"的概念，使广场定位于"服务于当地所有的季节和所有的人们"。零售楼层被分为春、夏、秋、冬4个不同区域，所选择和设计的颜色、材料、地板图案、地形设计和其他设施都反映出各个季节的特色和黄浦江的地理优势。

广场日均人流量达18万人次，周末高峰期的日人流量更可达26万人次。正大广场已先后荣获"2005年中国商业名牌"和全国唯一的一个"2006年度中国最佳购物中心进步奖"。正大广场不仅为消费者提供超过70家具国际水准的特色餐饮场所和令业内人士称羡的多元化娱乐和休闲场地外，还在2007年第一季度之前完成引进超过100家国际著名的优质时尚品牌。

设计单位：美国捷得国际建筑事务所、华东建筑设计院、同济大学建筑设计院
建设单位：上海帝泰发展有限公司
总建筑面积：24.30万m²
用地面积：31000m²
建筑层数（高度）：地上9层，地下3层，高度70m
竣工时间：2001年9月
建设地点：上海市浦东新区陆家嘴西路168号

世茂滨江园

　　位于黄浦江边，以潍坊西路为中心位置，南侧为浦电路，西为浦明路，东边则以浦城路为界。占地30万m²。小区共有7栋60层风格各异的超高层豪宅，规划住户850户，总人口约5224人。绿化覆盖率达70%。

设计单位：马梁建筑师事务所、上海建筑设计院
建设单位：上海世茂房地产有限公司
总建筑面积：72.13万m²
用地面积：22.07万m²
建筑层数（高度）：地上55层，高度161m
竣工时间：2002年
建设地点：上海市浦东新区潍坊西路1弄，潍坊西路2弄

花旗集团大厦

　　花旗集团大厦是继汇丰大厦之后陆家嘴中心区内第二幢由大型跨国金融集团冠名的建筑，也是第一幢由外资金融集团参与设计建造的国际化金融大厦。花旗集团大厦矗立于黄浦江畔，与百年老外滩隔江相望。

　　花旗集团大厦由上海巴鼎房地产发展有限公司开发兴建，建筑高度180m，共42层，建筑总面积12万m²，于2005年竣工。

　　花旗集团大厦造型方正大气，其临江外墙表面安装有目前世界最大的户外LED全彩显示灯光幕墙系统。该系统采用全天候可拆装式模块化结构，实现了超大显示屏与建筑物的一体化，其高139.6m，宽43.2m，总面积达到6030.72m²，适用于各类图文、视频信息的显示，并可以与网络联结，实时显示各种信息，具有强大的宣传和信息传播功能，成为上海黄浦江畔标志性灯光景观。

设计单位：日本日建设计株式会社、上海建筑设计院
建设单位：上海巴鼎房地产有限公司
总建筑面积：11.40万m²
用地面积：11892m²
建筑层数（高度）：地上42层，地下3层，高度180m
竣工时间：2005年6月
建设地点：上海市浦东新区花园石桥路33号

新梅联合广场

　　新梅联合广场位于新上海商业城的金融核心领地内，以富于特色的双子塔形，构筑南北2座38层塔式主楼结合4层高品质裙房。新梅联合广场总建筑高度约155m，总建筑面积约10.5万m²，总投资约15亿元，融合现代高端办公、顶级配套公寓及商业餐饮等多功能于一体的现代综合性建筑，为陆家嘴国际金融贸易中心，罕见的世界一流"全能型"商务平台。

　　新梅联合广场的北塔由兴盛集团与万豪国际集团合作，建成上海新梅万豪行政公寓，与一幢办公楼及裙房商场在2005年年底投入市场。

设计单位：上海现代建筑设计院
建设单位：上海鑫兆地产发展有限公司
总建筑面积：10.46万m²
用地面积：9300m²
建筑层数（高度）：地上38层，地下2层，高度155m
主体结构形式：核心筒框架
竣工时间：2005年11月
建设地点：上海市浦东新区浦东南路999号

东方艺术中心

　　上海东方艺术中心坐落于浦东行政文化中心区的核心区域，是上海的标志性文化设施之一，占地面积2.3万m²，由上海市政府和浦东新区政府投资12亿元兴建，是浦东新区迄今为止投资建设规模最大的城市文化设施，也是上海在"十五"期间的重要文化工程之一。

　　项目由法国著名建筑师保罗安德鲁设计，总建筑面积近40000m²。从高处俯瞰，东方艺术中心5个半球体依次为：正厅入口、演奏厅、音乐厅、展览厅、歌剧厅，俯瞰东方艺术中心，只见数十条回旋流动的轮廓线，构成5片不完全对称的花瓣，形似一朵盛开的蝴蝶兰。

　　上海东方艺术中心由1953座的东方音乐厅，1015座的东方歌剧厅和333座的东方演奏厅组成。整个建筑外表采用金属夹层玻璃幕墙，内墙装饰特制的浅黄、赭红、棕色、灰色的陶瓷挂件。上海东方艺术中心由中国保利集团公司旗下保利文化集团股份有限公司统一经营管理。

设计单位：保罗·安德鲁、华东建筑设计院
建设单位：浦东新区文化广播电视局东方艺术中心筹建处
总建筑面积：4.00万m²
用地面积：2.36万m²
建筑层数（高度）：地上4层，地下2层，高度34m
主体结构形式：钢筋混凝土
竣工时间：2004年12月
建设地点：上海市浦东新区丁香路425号

汇亚大厦

汇亚大厦位于上海浦东陆家嘴中心区核心地段，东园路与陆家嘴环路交界处。项目由新加坡GIC投资基金投资建设，日本竹中工务店（新加坡）承担项目管理，其概念及设计傲视同侪，代表着新一代办公空间设计的典范，并为现今各大国际企业及金融机构提供理想的办公环境。大厦地上29层，地下4层，标准层面积2390m²，层高2.8m。

高区办公楼可欣赏百年外滩及浦江美景。大厦外立面采用全玻璃幕墙，草绿主色调与其低碳理念相吻合，为中国首栋获得美国绿色建筑委员会认证的办公楼，目前楼内的租户多为国际知名企业及金融机构。

设计单位：美国KPF建筑师事务所、华东建筑设计院
建设单位：新资房地产（上海）有限公司
总建筑面积：9.30万m²
用地面积：8452m²
建筑层数（高度）：地上29层，地下4层，高度160m
竣工时间：2005年3月
建设地点：上海市浦东新区陆家嘴环路1233号

浦东展览馆

上海浦东展览馆坐落于浦东新区行政文化中心区，位于上海科技馆和东方艺术中心之间，浦东展览馆拥有3层楼面15000m²总面积，可容纳20000人次参观者。浦东展览馆是一座多功能的文化建筑，除展示功能外，还具有档案保存，档案利用、微缩复制、史志编撰、学术交流等方面的功能，是浦东新区文化事业发展的标志性建筑。

浦东展览馆由德国GMP公司设计，含有中国传统时空观和文化元素的方形大厦，线条简洁明快，以"天圆地方"的理念，诠释着浦东的过去、现在和未来。大跨度、钢结构形成的轻盈通透的建筑形态，主楼向公众开放，使建筑与市民生活结合；用玻璃、钢材、石材等精炼的材料组成的黑白灰色调的现代建筑，体现简约、大气和设计思潮；用地板送风、自然采光等设计手法达到节能的目标。3楼有2个半圆的大厅，共2200m²，层高4米，所有的幕墙都可通透自然光。4楼有2个无柱式大厅，每个厅面积为3400m²，厅层高7.5m并各有16个吊点。有可以自由翻转的外墙和顶棚嵌板。

设计单位：德国GMP建筑设计有限公司、上海建筑设计研究院
建设单位：浦东新区政府
总建筑面积：45600m²
用地面积：28100m²
建筑层数（高度）：地上3层，地下1层；高度40m
竣工时间：2004年
建设地点：上海市浦东新区合欢路201号

城建国际中心

城建国际中心地处陆家嘴竹园商贸区世纪大道南侧的福山路、浦电路交汇处，紧临轨道交通4号线、6号线换乘车站。由美国GENSLER设计公司和上海现代设计集团携手精心设计，城建国际中心是一栋集商业、办公于一体的高智能化甲级纯写字楼。大厦总建筑面积近6万m^2。地下3层，地上29层，建筑总高度达120m。

建筑体是简洁、经济、规划，塔楼主体竖向分成两部分，以突出的竖向金属肋分隔墙面，肋间采用银色Low-E白片玻璃和金属板层间墙，增加仰视透视效果，建筑以高耸纯净的玻璃幕墙体是作为东南角转角形成焦点，突出顶部挑空开放的屋顶花园。

建筑外墙全部采用玻璃幕墙体系，使建筑获得最大限度的景观面，既提升了办公空间的品位和商业价值，又形成建筑对城市风景的迎合。

设计单位：美国GENSLER设计公司、上海现代建筑设计院
建设单位：上海利德房地产发展有限公司
总建筑面积：5.99万m^2
用地面积：6835m^2
建筑层数（高度）：地上29层，地下3层；高度120m
竣工时间：2006年6月
建设地点：上海市浦东新区福山路500号

上海银行大厦

　　上海银行大厦位于陆家嘴银城东路，南靠陆家嘴中心绿地，北眺黄浦江，与东方明珠遥相对应。总建筑面积为10.70万 m^2，其中地上46层，办公楼建筑面积为约6.97万 m^2，商场建筑面积为0.75万 m^2；地下3层，建筑面积约1.76万 m^2。

　　上海银行大厦工程由上海银行和上海莘盛发展有限公司共同投资兴建。该工程项目通过国际设计投标，最终确定由世界著名的日本丹下健三都市建筑设计研究所担纲，华东建筑设计有限公司合作设计。上海银行大厦是一座融合中心文化特色的现代化综合性金融办公楼，巧妙地体现了上海银行海纳百川、中西合璧的海派特色。大堂挑高巨大，独有的中庭广场水景为整个大厦增添高雅氛围。

　　上海银行大厦与周边的中国人民银行上海分行、汇丰银行、中国银行、交通银行等中外金融机构一道，构成面向国际的现代化金融区，快速延伸陆家嘴地区的金融贸易功能，进一步提高上海经济、金融的对外辐射能力和服务全国的能级。

设计单位：日本丹下健三建筑师事务所、上海华东建筑设计研究院
建设单位：上海银行、上海莘盛发展有限公司
总建筑面积：10.70万 m^2
用地面积：11677 m^2
建筑层数（高度）：地上46层，地下3层；高度230m
竣工时间：2004年6月
建设地点：上海市浦东新区银城中路168号

上海陆家嘴软件园7～12号楼

陆家嘴软件园位于陆家嘴金融贸易区内，紧邻世纪大道、浦东新区行政文化中心和竹园商贸区。项目地处浦东新区核心商务区，周边交通便利，距离4号线、6号线浦电路站与蓝村路站步行仅5分钟的距离。

陆家嘴软件园由上海陆家嘴金融贸易区开发股份有限公司投资开发，其中7～13号楼为全新建设的都市研发楼，其余楼宇多为原工业建筑改造而成（表2-2）。截至2014年12月，已建成并投入使用的研发办公楼建筑面积已达到33.6万m²，商业配套服务面积超过1.2万m²。目前园区内已有保时捷、拜尔、沃尔沃、亿贝、欧特克中国研发中心、富士施乐研发中心、华为上海研究所、新智软件、证大投资、贝克曼等200余家知名企业与机构入驻，提供超过2万个就业岗位，开创了工业园区转化为科技、金融服务、电子商务聚集的新兴城市金融电子服务产业基地。

陆家嘴软件园7～12号楼基本情况　　　　　　　　　　　　　　　　　表2-2

	7号楼	8号楼	9号楼	10号楼	11号楼	12号楼
设计单位	恒隆威建筑设计公司 影联设计院	恒隆威建筑设计公司 影联设计院	恒隆威建筑设计公司 影联设计院	恒隆威建筑设计公司 中建国际设计院	恒隆威建筑设计公司 上海经纬设计院	恒隆威建筑设计公司 悉地国际（深圳）
建设单位	上海陆家嘴金融贸易区开发股份有限公司	上海陆家嘴金融贸易区开发股份有限公司	上海陆家嘴金融贸易区开发股份有限公司	上海陆家嘴金融贸易区开发股份有限公司	上海陆家嘴金融贸易区开发股份有限公司	上海陆家嘴金融贸易区开发股份有限公司
总建筑面积（万m²）	1.78	3.27	4.79	2.81	9.06	1.10
用地面积（m²）	20000	11000	10000	7100	90586	11933
建筑层数（层）	3	11	10	17	20	8
建筑高度（m）	15	50	53.9	78	100	39.15
竣工时间	2007年	2007年	2008年	2009年	2011年	2012年
建设地点	上海市浦东新区峨山路·陆家嘴软件园内					

东怡大酒店

　　上海东怡大酒店是由上海陆家嘴（集团）有限公司投资建设的一家涉外精品商务酒店，与上海标志性建筑"东方艺术中心"为邻，同样出自于法国著名设计大师保罗·安德鲁的手笔。建筑外形高耸挺拔，圆弧形外形配以金属板，在阳光映照下熠熠生辉，与其旁侧的花瓣状的东方艺术中心互相映衬，浑然一体。酒店位于浦东新区行政商务中心，毗邻上海科技馆，交通便利。上海东怡大酒店拥有各类高级房、豪华房、豪华套房等，设备齐全。酒店还拥有咖啡厅、中餐厅、多功能宴会厅及多个智能会议厅，满足了周边艺术、行政、会展和商务等各种功能的需求，成为一个高品质的商务综合配套酒店。

设计单位：保罗·安德鲁、华东建筑设计院
建设单位：上海陆家嘴（集团）有限公司
总建筑面积：2.90万㎡
用地面积：2.90万㎡
建筑层数（高度）：地上15层，地下2层；高度65m
竣工时间：2007年3月
建设地点：上海市浦东新区丁香路555号

汤臣一品公寓

　　汤臣一品是由台湾汤臣集团有限公司投资开发的高级公寓项目，位于陆家嘴中心区滨江大道旁。占地2万多平方米，总建筑面积达14.63万多平方米，由4幢极为豪华的滨江住宅和1幢高级会组成，最高楼层为44层，高度达153m。2009年开售时，汤臣一品以单价13万/m²的成交，创造了当时中国豪宅的最高天价。迄今为止，汤臣一品公寓仍是浦东新区乃至上海市的标杆豪宅项目之一。

设计单位：台湾GDG建筑设计公司
建设单位：汤臣海景花园（上海浦东新区）有限公司
总建筑面积：14.63万m²
用地面积：2.01万m²
建筑层数（高度）：地上44层，高度153m
竣工时间：2007年
建设地点：上海市浦东新区花园石桥路28弄1～8号

鹏利海景公寓

　　鹏利海景公寓由中粮集团旗下上海鹏利置业发展有限公司开发建造。基地坐落于浦东陆家嘴东昌路渡口，西邻滨江大道，南面为东昌路，东侧为银城路，北边是银城南路。小区占地面积2.43万m²，建筑面积约11.72万m²，容积率4，小区绿化率达到42.9%，整个小区由5幢高层组成。户型方面，面积从200～400m²6种不等，并有700多平方米的顶层复式房可供选择。从这里不仅可以坐拥外滩千姿百态的近代建筑，细细品味上海灿烂辉煌的历史，而且同时还可坐视东方明珠、金茂大厦和陆家嘴金融贸易区为代表的新上海鳞次栉比的现代建筑，成为陆家嘴中心区金融、商贸、旅游功能以外高端公寓的配套和完善。

设计单位：华东建筑设计院
建设单位：上海鹏利置业发展有限公司
总建筑面积：11.72万m²
用地面积：2.43万m²
建筑层数（高度）：地上37层，高度120m
竣工时间：2005年12月
建设地点：上海市浦东新区银城中路600弄1～10号

盛大金磐公寓

　　坐落于金茂大厦的南侧，北靠陆家嘴环路，西至银城中路，南临东昌路，东接东泰路。地上总建筑面积约16万m²，占地面积约4万m²。小区总户数530户。分别由39、39、42层的3幢联体超高层楼宇组成。绿化占地面积2.67万m²，覆盖率达52%。属陆家嘴中心区内豪华公寓小区，是陆家嘴中心区金融商务办公功能的重要组成部分和最佳功能配套。

设计单位：新加坡工程集团、华东建筑设计院
建设单位：上海金磐房地产有限公司
总建筑面积：20.64万m²
用地面积：5.53万m²
建筑层数（高度）：地上43层，高度150m
竣工时间：2005年
建设地点：上海市浦东新区东泰路200弄1~8号

香梅花园

　　香梅花园是以著名美籍华裔陈香梅女士命名的大型高级住宅社区，坐落在浦东陆家嘴金融贸易区行政文化中心区域内。该项目由锦康路、锦绣路、花木路和浦建路四条交通要道围合而成，是一个由小高层、高层组成的大型高级住宅社区，总户数1100套，拥有有一个占地面积3万m²的自然生态公园。附近有东锦江大酒店、陆家嘴世纪金融广场、上海科技馆等，小区规划的生活教育设施比较完善，总建筑面积32万m²，共分3期开发，一期20幢楼，二期11幢楼已经落成，30000m²的香梅中央公园与香梅大道也初具规模，三期香梅华府位于整个项目的优越位置，可欣赏林溪果岭、半岛湖景、竹径水映与香梅中央公园美景。目前，香梅花园已经成为浦东陆家嘴金融贸易区内极具生活品质的现代高端居住社区。

设计单位：华东建筑设计院、黄永沃设计事务所
建设单位：金大元（上海）有限公司
总建筑面积：33.70万m²
用地面积：14.83万m²
建筑层数（高度）：31层，高度99m
竣工时间：2005年6月
建设地点：上海市浦东新区锦康路389弄1~3号

裕景国际商务广场

裕景国际商务广场为双塔楼，集国际五星级酒店、5A甲级智能化办公楼、休闲娱乐商业于一体的综合性项目，总建筑面积约为12.55万m²。项目地处浦东大道、东方路口，是陆家嘴金融贸易区的核心位置，具有轨道交通4号线、大连路隧道的便捷优势。

项目1～5层裙房为高档商务休闲中心。双塔中B楼为中型企业总部大楼，整层面积为603m²，A楼7～20层为大型跨国机构地区总部，整层面积为2156m²，22～36层为国际五星级标准豪华酒店，提供约400多套客房及室内恒温泳池、健身房等服务设施。

设计单位：上海东方建筑设计研究院
建设单位：裕景兴业集团、上海齐茂房地产开发有限公司
总建筑面积：12.55万m²
用地面积：14149m²
建筑层数（高度）：36层，高度127m
竣工时间：2005年
建设地点：上海市浦东新区浦东大道555号

财富广场

　　财富广场位于浦东陆家嘴中心区的滨江地区，处于浦明路和东昌路的交界处，拥有
400m长的黄浦江岸线，具有独特的江边地理位置，与上海浦西外滩遥遥相对应。

　　财富广场由国际知名建筑设计师设计，其主体由7幢造型各异、整体和谐统一的全景观
商务办公楼组成，通过巧妙运用大规模弧形玻璃幕墙和双层玻璃幕墙系统，沿黄浦江形成一
个具有多种现代主义建筑造型的建筑群，拥有独到的智能环保、节能、景观绿化等设计理
念。下沉式庭院创造了园林式愉悦的商务办公环境，沿江一侧通过人工造坡形成了一条长度
达400m，宽约20～30m的林带，这在寸土寸金的陆家嘴金融贸易区是极其难得的。每幢办
公楼都可以拥有独立的命名权，为国际金融机构、世界500强跨国公司和大型企业，提供了
独特尊贵的企业形象，成为陆家嘴金融贸易区CBD的高端商务办公形象的强有力的体现。

设计单位：美国FRANK建筑师事务所、上海建筑设计研究院
建设单位：上海科怡房地产开发有限公司
总建筑面积：41840m²
用地面积：47350m²
建筑层数（高度）：4层，高度24m
竣工时间：2005年2月
建设地点：上海市浦东新区浦明路8～198号

陆家嘴中央公寓

陆家嘴中央公寓位于浦东世纪公园西侧，上海科技馆南侧，西望杨高路，东靠锦绣路，北面正对逸飞创意街，与上海科技馆隔张家浜相望，是美国ARQ建筑事务所、美国泛亚易道、现代建筑设计集团联合打造的高档公寓小区。

设计师以"自然和谐，天人合一"为建筑环境设计理念，采用了韵律十足的框架立面处理，4排弧形板楼呈升龙形态的连续布局，营造出世纪公园周边美丽的天际线。建筑单体拥有最大逾100m的超宽栋距。景观设计中采纳了大自然山、水、石、林的元素，塑造出雨林、瀑布、礁石的不同主题，让景观与人文浑然天成，令和谐欢畅的家居生活拥有更亲切的空间凭借。设计师大胆地赋予建筑平整的形体，丰富的不规则建筑造型，色彩化的立面手法，使得陆家嘴中央公寓在建成后具有鲜明的时代感和自然融入周边城市环境的品质。

总体设计中的交通流线采用了环路加尽端支路，地下车库的地面出入口紧靠小区主要出入口的方式，最大程度实现了人车分流，提高了小区品质。整个小区还采用了地下室整体开挖的方式，提供了一户一辆的充足停车位。

设计单位：美国ARQ建筑事务所、上海现代建筑设计集团
建设单位：上海陆家嘴联合房地产有限公司
总建筑面积：212276m²
用地面积：76503m²
建筑层数（高度）：31层，高度99m
竣工时间：2006年6月
建设地点：上海市浦东新区锦康路389弄1～3号

时代金融中心（原发展大厦）

时代金融中心地处陆家嘴中心区，位于银城中路与陆家嘴环路的交会处。由日建株式会社设计，外观恢弘典雅，内部方正实用，核心筒采用十字通道，巧妙规划了公共空间，追求经典纯粹的商用物业功能构造。而整个建筑物裙房坡顶与陆家嘴中心绿地呈45°南低北高，大堂特有的木饰内装如绿地衍生至室内的巨型树桩。

时代金融中心电梯厅配备20部全进口高速电梯，平均等候时间少于30秒。大厦标准层面积可自由分割，满足不同的商务需求，无柱式室内设计提高了办公空间的使用率。IC一卡通电梯控制系统给大厦内办公人士一个安全静谧的办公环境，是浦东新区全智能化高档办公大厦。

设计单位：日本日建设计株式会社、上海建筑设计研究院
建设单位：上海迪威行置业有限公司
总建筑面积：10.40万m²
用地面积：9629m²
建筑层数（高度）：地上51层，地下3层；高度239m
竣工时间：2007年6月
建设地点：上海市浦东新区银城中路68号

上海环球金融中心

　　上海环球金融中心大楼于2008年8月29日竣工。楼高492m，地上101层，是目前中国第2高楼（截至2014年）、世界最高的平顶式大楼。环球金融中心与金茂大厦及即将竣工的上海中心呈三足鼎立之势，成为陆家嘴中心区最核心的3座超高层建筑。

　　上海环球金融中心由日本森大厦株式会社的全额子公司森海外株式会社及日本有关银行、保险公司、商社等36家企业，与日本海外经济协力基金OECF联合投资。早在1997年，该项目就通过了上海市经贸委的审批，当时计划总投资逾750亿日元，建筑面积达335420m²。同年8月开始桩基工程，于1998年10月打桩完工。之后，由于日本投资方受亚洲金融危机引起的资金问题影响，项目一直处于停工状态，于2003年复工，并于2008年正式落成。

　　在设计方面，环球金融中心也体现出高度的先进性。塔楼主要造型被设计成一块弧线分割的突出的方形，顶部逐渐变成一条单线，方形的塔楼向上逐渐收分成2道优美的弧线，表现出一种强烈的建筑特征。楼层平面的逐渐变化，形成低区较大面积的办公和高区适当进深的酒店客房的理想的使用平面。

　　在日益成为全球资本聚焦之地的上海，环球金融中心无疑是商业和文化高度繁荣的一个象征。

设计单位：KPF建筑师事务所、株式会社入江三宅设计事务所、上海现代建筑设计集团、
　　　　　华东建筑设计院
建设单位：上海环球金融中心有限公司
总建筑面积：31.54万m²
用地面积：30000m²
建筑层数（高度）：地上101层、地下3层；高度492m
主体结构形式：钢筋混凝土结构+钢结构
竣工时间：2008年
建设地点：上海市浦东新区世纪大道100号

渣打银行大厦（原陆家嘴伊藤忠开发大厦）

　　渣打银行大厦位于陆家嘴金融中心区D3–5地块，世纪大道201号，与上海证券大厦、中国保险大厦、国家开发银行大厦、浦发银行大厦、信息枢纽大厦形成一个建筑组团。渣打银行大厦周围道路环绕，配套齐备，是理想的全智能化高档办公大厦。

　　渣打银行大厦占地面积约为6000m²，建筑面积约5.4万m²，建筑高度约135m，地上26层，地下3层。渣打银行大厦延续了渣打银行全球各地办公楼统一风格，在整体上融合了传统与现代的银行设计元素，主要采用了传统木材和石材，很好地传达出渣打银行的历史传承和品牌形象。引入了先进的人性化设计及环保概念，内部装潢全部使用低挥发性有机化合物产品。照明及通风等可较一般大楼节省约15%～20%的能耗。

设计单位：上海建筑设计研究院
建设单位：陆家嘴开发大厦有限公司
总建筑面积：5.43万m²
用地面积：6000m²
建筑层数（高度）：地上26层，地下3层；高度135m
竣工时间：2008年
建设地点：上海市浦东新区世纪大道201号

中融碧玉蓝天大厦

　　中融碧玉蓝天大厦位于上海浦东陆家嘴中心区核心位置。大厦地下4层，地上40层，楼高220m，总建筑面积近10万m²，办公区建筑的层高却达到4.3m，净高3.1m，高于当时甲级写字楼2.7m的平均层高，是一幢现代化、智能化、多功能的国际级金融商务办公楼宇。

　　中融碧玉蓝天大厦由美国建筑设计公司GS&P和上海江欢成建筑设计有限公司联合担纲设计。建筑主体采用曲线三角形体态，建筑2/3以上的区域面积都可以饱览浦江美景。三角形的楼体更让楼顶的形状仿佛一颗切割分明的钻石镶嵌在美玉之中，在蓝天下闪闪发光。

　　中融碧玉蓝天建筑立面设计现代、简洁、独特，富有标志性，外墙采用高性能隔热反射玻璃单元幕墙，玻璃色彩温润、典雅，富有生命力。

设计单位：美国GS&P设计公司、上海江欢成建筑设计有限公司
建设单位：上海中融置业发展有限公司
总建筑面积：10.00万m²
用地面积：9000m²
建筑层数（高度）：地上48层，地下4层；高度220m
竣工时间：2008年
建设地点：上海市浦东新区银城中路10号

未来资产大厦

　　未来资产大厦，原名合生国际大厦，位于浦东陆家嘴中心区，紧临黄浦江，与百年外滩隔江相望。北靠香格里拉酒店，南与花旗集团大厦为邻，西邻震旦大厦。

　　未来资产大厦由美国著名的KPF建筑设计师事务所担任总设计。建造过程完全按照国际管理模式，以最高水准的团队组合建设未来资产大厦。

　　未来资产大厦是一幢集商务、办公、金融于一体的现代化综合性大楼，总建筑面积约83000m^2，建筑高度180m。主楼外形为正方，边角处为弧形，裙楼外形为波浪形，底层大堂是扇形，Low-E中空玻璃幕墙配上节能灯具，给陆家嘴带来美轮美奂的夜景。屋顶是漏斗型钢结构，大型设备置于屋面。大楼建成后，吸引了大量金融机构、跨国公司总部入驻。

设计单位：美国KPF建筑师事务所、上海华东建筑设计研究院
建设单位：上海民泰房地产有限公司
总建筑面积：8.30万m^2
用地面积：10300m^2
建筑层数（高度）：地上33层，地下3层，高度180m
竣工时间：2008年
建设地点：上海市浦东新区陆家嘴环路166号

九六广场

　　九六广场地处陆家嘴金融贸易区竹园商贸区的核心地段，毗邻东方路和世纪大道，项目周边为裕安大厦、齐鲁大厦、江苏大厦等一大批"省部楼"办公楼项目，项目摒弃了传统商业模式，以情景体验式的中心广场和富有情趣的开放式空间设计吸引人们来此处购物、休闲、饮食或逛街，带给了浦东商业地产新的活力。项目由陆家嘴金融贸易区联合发展有限公司投资建设。

　　项目始建于1996年9月，恰逢上海黄浦旅游节升级更名为上海旅游节，本届旅游节由浦东新区管委会、上海市旅游局、上海广播电视电影局、上海市文化局、黄浦区人民政府、南市区人民政府共同主办，并在本项目现址上举行盛大的开幕仪式，为了纪念，故将本项目命名为"九六广场"。项目占地约2.63万m²，总建筑面积6.59万m²，其中地上3层，地下2层，提供车位约431个，共有商铺约80家，餐饮、零售、休闲、娱乐等内容齐全，成为浦东市民工作休闲餐饮娱乐的一处非常重要的场所。

设计单位：天华建筑设计研究院
建设单位：上海陆家嘴金融贸易区联合发展有限公司
总建筑面积：6.59万m²
用地面积：2.63万m²
建筑层数（高度）：地上3层，地下2层
竣工时间：2008年
建设地点：上海市浦东新区东方路796号

东亚银行金融大厦（原高宝金融大厦）

　　东亚银行金融大厦所在地为陆家嘴中心区X3-1地块，地处陆家嘴环路，花园石桥路口，临近新鸿基上海国金中心、花旗银行大厦、香格里拉酒店等多个项目。大厦占地8128m²，总建筑面积8.7万m²，包括1幢42层的写字楼和1幢5层的商业裙房。写字楼高180m，30层以下的层面积为2000m²，30层以上为1100m²。

　　东亚银行金融大厦坐落于鳞次栉比的高层建筑之间。大厦结构设计为3部分，呈台阶式，这种效果的营造为建筑整体增添了清新之感。建筑各部分功能独立，由辅助材料和组件连接成统一复合体。这一设计令东亚银行大厦瞬间可辨，极大地强化了建筑的潜在景观特性，美化了轮廓线。其设计应用了一些绿色技术，采用Low-E玻璃幕墙，金属集成系统顶棚，采用无柱式开放办公空间。楼体内各立面定位、材料以及所应用科技，对环境因素的影响不尽相同，材料保温的不稳定性得到限制，建筑的可持续性达到最大化，运行效率大为提高。

　　东亚银行金融大厦力图将优雅的当代美学同现代高科技建筑形式完美融合。这座极具视觉冲击力的建筑响应了中国日益增长的环境保护呼声。

设计单位：英国FARRELL&PARNERS、上海华东建筑设计研究院
建设单位：高鹏（上海）房地产发展有限公司
总建筑面积：8.70万m²
用地面积：8100m²
建筑层数（高度）：地上42层，地下3层；高度180m
竣工时间：2010年5月
建设地点：上海市浦东新区花园石桥路66号

星展银行大厦

　　星展银行大厦位于陆家嘴金融中心区B4-2-2地块，与北外滩隔江相望，南临陆家嘴环路（即原银城北路），北靠黄浦江滨江绿化带，东侧为凯宾斯基酒店，西侧为规划中的鸿海项目。星展银行大厦占地面积约为1.2万m²，总建筑面积约6.8万m²，建筑高度90m，地上18层，地下3层。

　　星展银行大厦建筑平面呈矩形，外立面首次采用节能型全单元宽腔双层玻璃幕墙，简洁利落没有多余的装饰。其内部格局及建筑标准完全依照高标准甲级写字楼而设计，并首次采用德国先进的辐射吊顶系统，创造了极佳的室内空气品质和人体感受效果，满足了跨国金融机构及企业入驻陆家嘴金融中心区的需要。

设计单位：上海海波建筑设计有限公司
建设单位：上海陆家嘴金融贸易区开发股份有限公司
总建筑面积：6.68万m²
用地面积：11675m²
建筑层数（高度）：地上18层、地下3层；高度90m
竣工时间：2009年12月
建设地点：上海市浦东新区陆家嘴环路1318号

中国钻石交易中心

　　中国钻石交易中心大厦由美国GP建筑设计公司创作设计，南北双塔通过连廊连接，中庭巨大恢弘，外立面采用上海市规模最大的索结构幕墙系统，统一大气简洁，整个大楼黑白分明，晶莹剔透，宛如陆家嘴世纪大道上的一颗璀璨宝石。项目总建筑面积约4.92万m²，地上14层，地下2层，标准层面积为1500m²。

　　大厦北塔主要由上海钻石交易所、上海钻石交易联合管理办公室等单位及交易所会员租赁，是中国钻石要素市场的重要聚集地。

设计单位：美国GP建筑设计公司、中福设计院
建设单位：上海陆家嘴金融贸易区联合发展有限公司
总建筑面积：4.92万m²
用地面积：6400m²
建筑层数（高度）：地上14层，高度68m
竣工时间：2009年6月
建设地点：上海市浦东新区世纪大道1065号

陆家嘴 1885 文化商业中心

陆家嘴1885文化中心位于世纪大道沿线的SN2-1、SN2-2地块，由世纪大道、商城路、崂山西路围合而成，并附有一幢保留老建筑（因最早建造年份可追溯到1885年，故借以命名），项目占地面积5970m²，总建筑面积约为1.5万m²。项目由上海陆家嘴金融贸易区开发股份有限公司投资开发，于2006年4月底开工建设，并于2009年对外开业。

陆家嘴1885文化中心是以精品及休闲餐饮为主要业态的时尚休闲广场，并以历史人文主题、海派建筑文化及新老建筑共同构建出了丰富的商业空间，同时项目很好地结合了文化传播、交流和文化休闲娱乐的功能，精心打造出了浦东的时尚新地标。在项目经营中，除了以精品特色餐饮为主要业态以外，还结合高档休闲会所、文化概念店以及部分品牌专卖店等，成为兼具文化体验功能的时尚休闲广场，填补了目前世纪大道及周边地区商圈发展中的空白。

设计单位：中福建筑设计院
建设单位：上海陆家嘴金融贸易区开发股份有限公司
总建筑面积：1.43万m²
用地面积：5970m²
建筑层数（高度）：地上4层，地下1层
竣工时间：2009年
建设地点：浦东新区商城路、南泉北路口

上海保利广场

　　上海保利广场位于陆家嘴金融贸易区的核心区域，属于黄浦江两岸重点建设地区"北外滩—上海船厂地区"，具有极为稀有的黄浦江景观资源。项目由商业、酒店、办公楼构成。北侧为4栋高档滨江独栋办公楼，其中塔楼一、二层与地下一层为商业物业，面积约17000m²，地下二层和地下三层为车库。滨江独栋办公楼采用大层高空间、呼吸式幕墙、局部跃层和屋顶花园，塔楼办公空间大、层高高，可自由分割并有跃层观光会议空间，建筑底层与高档文化休闲商业区相连，并向着下沉式广场开敞，和滨江大道步行街相连接。整个建筑群犹如玲珑剔透的水晶体块构成了统一的向着江水敞开的建筑艺术整体。

设计单位：德国GMP设计事务所、华东建筑设计院
建设单位：上海保利欣房地产有限公司
总建筑面积：10.34万m²
用地面积：27310m²
建筑层数（高度）：地上30层，地下3层；高度142m
竣工时间：2009年12月
建设地点：上海市浦东新区东方路18号

中国石油上海大厦（原盛大国际金融中心）

　　中国石油上海大厦位于浦东陆家嘴金融贸易区竹园商贸区内，毗邻陆家嘴商务广场，东北面至世纪大道，东南面至向城路，西面至福山路。盛大国际金融中心采用钢框架—钢筋混凝土核心筒结构，主塔楼地下4层，地上41层，建筑高度174m，总建筑面积超过11万m²。项目建成后，成立中国石油上海公司总部办公场所。

设计单位：美国SOM设计事务所、华东建筑设计院
建设单位：上海盛大基地置业有限公司
总建筑面积：11.12万m²
用地面积：9786m²
建筑层数（高度）：地上41层，地下4层；高度174m
竣工时间：2009年12月
建设地点：上海市浦东新区世纪大道1200号

陆家嘴金融信息楼

陆家嘴金融信息楼位于陆家嘴中心区B2-1地块，东邻汇亚大厦，南傍上海银行，西临东园路，北依陆家嘴环路。该项目为陆家嘴中心区配套的办公设施和展示中心，占地面积4428m²，建筑面积近9100m²。地上3层，地下2层，其中地上建筑面积5100m²，地下建筑面积4000m²。该项目已于2008年5月开工，2010年底竣工。

其建筑造型严谨大气、简洁实用，是陆家嘴中心区内不可多得独幢小规模总部型办公楼，且具有独立地下车库和便捷的营业街面，尚未竣工就获得了众多国际银行亚太总部的青睐。目前，新加坡大华银行入驻办公。

设计单位：中福建筑设计院
建设单位：上海陆家嘴金融贸易区开发股份有限公司
总建筑面积：9100m²
用地面积：4428m²
建筑层数（高度）：地上3层，地下2层，高度15m
竣工时间：2010年2月
建设地点：上海市浦东新区银城北路、东园路

喜马拉雅中心

　　喜马拉雅中心位于浦东新区芳甸路1188号，坐落于芳甸路、樱花路、梅花路和石楠路围合地块，毗邻世博园区和上海新国际博览中心。周边地铁、磁悬浮列车、快速干道等交通条件非常便利。

　　喜马拉雅中心是由国际著名日籍建筑大师矶崎新先生亲自主持，由证大集团精心打造的当代中国文化创意产业的综合商业项目。占地面积约3万㎡，总建筑面积15.5万㎡。

　　项目整体包括宾馆、艺术家创作室、艺术中心、商业设施和公共开发空间5个区域，设计师在水平与垂直方向上进行三维立体的布置，让各种设施有效地相互联结，形成特殊的复合型高层设计。设计将五星级酒店配置在最北侧，南侧配置艺术家创作室，2个塔楼中央连接部分为艺术中心，为项目核心，地上部分向市民开发的公共空间，高度达31.5m。

设计单位：矶崎新、上海现代建筑设计有限公司
建设单位：上海证大喜马拉雅置业有限公司
总建筑面积：15.50万㎡
用地面积：2.89万㎡
建筑层数（高度）：地上17层，地下3层；高度99.9m
竣工时间：2010年
建设地点：上海市浦东新区芳甸路1188弄1～4号

浦江双辉大厦

陆家嘴金融中心区（二期）位于陆家嘴中心区的东侧，用地北至黄浦江，西至浦东南路，南至银城中路。

浦江双辉大厦位于浦东陆家嘴中心区银城路99号，集酒店、公寓式酒店为一体，由两幢49层的塔楼、两幢沿江的酒店公寓和一个会所共五个建筑物组成，为陆家嘴地区首座双子楼建筑群，工程总占地面积26300m²，地上总建筑面积约20.91万m²，地下4层为停车场和设备用房，地上建筑高度215.3m。2幢裙房建筑分别为上海浦东文华东方大酒店及其配套公寓式酒店：1幢22层酒店（地下4层）和1幢19层公寓式酒店（地下4层），主要功能为公共服务设施、会议中心。该组建筑群中还有1幢3层会所（地下2层），主要功能为餐饮。

双辉大厦的定位是国际甲级金融办公楼，智能化建设应用除具备金融机构的专用性外，还应具有一定的先进性和超前性，设计中充分体现系统的可用性、先进性、方便性、安全性、可靠性、可扩展性及系统性价比的合理性。目前，分别为中国农业银行和中国建设银行的上海总部办公使用。

设计单位：美国ARQ设计公司、华东建筑设计院
建设单位：上海瑞明置业有限公司
总建筑面积：30.05万m²
用地面积：2.63万m²
建筑层数（高度）：地上49层，地下4层；高度215.3m
竣工时间：2010年5月
建设地点：上海市浦东新区银城路99号

上海国际金融中心

　　上海国际金融中心位于上海浦东新区陆家嘴中心区世纪大道8号，其前身为陆家嘴美食城（临时建筑）。东邻金茂大厦，西接正大广场，北面为轨道交通2号线陆家嘴站及陆家嘴中心绿地。项目总投资超过80亿港元，是包括2幢甲级写字楼、酒店、公寓及商场的城市综合体项目。

　　项目总建筑面积为55.5万m²，由2幢高层办公塔楼及1座低层建筑组成。南座高249.9m（53层），北座高259.9m（56层），低层建筑高85m。总体规划设计由国际著名建筑师西萨·佩里和巴马丹拿事务所联合操刀，并由英国贝诺（BenoyArchitects）负责商场的室内设计。

　　2幢大楼平面呈多角形，顶部成斜度，其简约外观形成现代雕塑般的建筑效果，造型略有变化，形成双子塔式的设计效果。日夜绽放炫目的迷人光芒，与上海外滩和东方明珠的繁荣景象互相辉映。

　　整个商场内部以高贵浪漫的香槟色及淡米白色为主要色调，装潢设计突出时尚、高贵与精致等特点，而典雅欧陆式歌剧院的浪线型镂空设计，增强了商场的室内空间感，营造宽敞的休闲环境。位于世纪大道的商场入口是复式商铺设计，10m高，55m长。楼顶配上别致的鹅蛋形水晶吊灯，彰显强烈的个性和时尚的魅力。

　　商场由国际一线品牌组成，尽显奢华。办公楼由高档五星级酒店、汇丰银行和甲级写字楼构成，办公大楼设施现代，配以专业物业管理，堪称地标建筑。另有一座85m高的服务式公寓大楼，外墙以银灰色玻璃幕墙覆面，主调色彩以白和银灰为主，营造现代高雅气氛。项目建成后，即成为陆家嘴金融中心区内甲级写字楼、高档商场的标杆之作。

设计单位：西萨·佩里建筑事务所、巴马丹拿事务所、华东建筑设计院
建设单位：新鸿基地产（中国）工程管理有限公司
总建筑面积：55.5万m²
用地面积：6.94万m²
建筑层数（高度）：地上53-56层，地下5层；北座260m，南座250m
竣工时间：2010年
建设地点：上海市浦东新区世纪大道8号

四、2011～2015年建设项目位置示意图（16项）

2011～2015年建设项目位置示意图
（楼宇序号索引见第四部分建设项目汇总表）

陆家嘴投资大厦

　　陆家嘴投资大厦项目位于陆家嘴竹园商贸区核心地区，南临浦电路和竹园公园，东、西、北分别被已建成的宝钢大厦、一百杉杉大厦、中达广场以及钱江大厦所环绕。项目占地面积8325m²，建筑总面积约4.6万m²，建筑高度约70.3m，地上14层，地下2层。该项目按照国际甲级写字楼标准建设，完全能满足中外金融机构及跨国公司地区总部入住陆家嘴的办公需要。本项目于2008年11月开工建设，2011年6月竣工交付使用。

　　项目外形简洁方正，规矩大气，采用定制磁板和玻璃构成框架式立面，实显效率至上的精神。塔楼与辅楼之间为庭院式绿地。项目外形简洁明快，方正大气，2条连廊将塔楼和辅楼相连，立面连续整体。

设计单位：中福建筑设计院
建设单位：上海陆家嘴金融贸易区联合发展有限公司
总建筑面积：4.60万m²
用地面积：8325m²
建筑层数（高度）：地上14层，地下2层；高度70.3m
竣工时间：2011年
建设地点：上海市浦东新区浦电路360号

陆家嘴基金大厦

　　陆家嘴基金大厦坐落于竹园商贸区2-11地块，毗邻建设中的上海国际金融中心项目。地理位置得天独厚，深得证券基金类客户的青睐。项目占地面积约9900m²，总建筑面积约45000m²，地上17层，地下2层，标准层面积近2200m²。大楼配有机房重载区，24小时冷却水，卫星通道等为金融企业定制的专用设备；同时，还配有员工餐厅、咖啡吧、便利店等配套设施。项目设计定位为高端甲级办公楼，建成后将为基金公司、金融机构、现代服务型企业及大型企业总部提供了一流的办公空间。

　　大厦采用了多种绿色建筑标准，如辐射空调、地源热泵等，成为早期获得国家绿色三星的标杆项目。

设计单位：中福建筑设计院
建设单位：上海陆家嘴金融贸易区联合发展有限公司
总建筑面积：4.50万m²
用地面积：9900m²
建筑层数（高度）：地上17层，地下2层；高度80m
竣工时间：2011年3月
建设地点：上海市浦东新区竹林路101号

二十一世纪大厦

位于陆家嘴中心区的核心位置，毗邻上海金茂大厦和上海环球金融中心，是陆家嘴中心区内高品质、多功能、复合型的国际标准甲级综合楼之一。

项目由中国光大银行集团起始，在2000年完成桩基工程后，因业务转型，项目一度暂停。2006年1月经引进美国汉斯房地产集团，以及新加坡酒店集团（HPL）加入，合作完成本项目的建设。

地处陆家嘴中心区N3地块，位于世纪大道与浦城路交界处，是陆家嘴地区"地标"性建筑。该项目由三部分组成，集甲级办公、酒店、商寓于一体，高183m，49层，具有国际一流品质的甲级写字楼，190个房间的高星级四季酒店和位于顶层的73套豪华的四季公寓。

项目外型简洁挺拔，采用中空Low-E单元式幕墙，彰显现代高效品质，成为国际甲级办公楼的标杆作品。

设计单位：美国Gersler设计公司
建设单位：上海二十一世纪房地产有限公司
总建筑面积：10.00万m²
用地面积：12000m²
建筑层数及高度：地上49层，地下3层；高度183m
竣工时间：2010年9月
建设地点：世纪大道浦城路口

SOHO 世纪广场（原嘉瑞国际广场）

SOHO世纪广场（原名嘉瑞国际广场）位于竹园商贸区2-13-3A地块。原由上海龙仓置业有限公司所属公司上海瑞证投资有限公司投资，后于2012年8月由SOHO中国购入并更名为"SOHO世纪广场"，这是SOHO中国在上海浦东的第一个项目。

SOHO世纪广场是一座24层的高品质国际5A级写字楼，总建筑面积约为6万m²，包括约4.3万m²的办公面积和432m²的商业面积。

SOHO世纪广场的建筑外形源自"水晶"的概念，双层玻璃幕墙构成的外形，宛如一块切割过的晶莹水晶，与世纪大道景观绿化和谐生辉，彰显现代商务办公楼的高端品质。

首层大堂10m挑高，前卫大气，流线型金属家具，洁白的石材墙面和光幕吊顶，一起创造了一个匠心独具的现代前卫空间。

设计单位：云南人防建筑设计院有限公司
建设单位：SOHO中国有限公司
总建筑面积：6.05万m²
用地面积：6300m²
建筑层数（高度）：地上24层，高度112.3m
竣工时间：2011年10月
建设地点：上海市浦东新区向城路288号

华东电网调度中心大楼

　　项目位于陆家嘴金融贸易区的核心区域，西侧为浦东南路，北侧靠近东昌路，紧邻在建的浦东金融广场，并处于新上海商业城板块和世纪大道中段区域。项目为28层甲级办公楼，另设有4层裙房，地下4层可提供350辆机动车停车位。项目为华东电网调度中心使用，华东电力调度中心由位于上海市南京东路著名的华东电力大厦迁至浦东。

设计单位：美国KPF建筑师事务所、华东建筑设计院
建设单位：华东电网有公司、上海海光房地产发展有限公司
总建筑面积：6.96万m²
用地面积：8434m²
建筑层数（高度）：地上28层，地下4层；高度129m
竣工时间：2011年12月
建设地点：上海市浦东新区浦东南路882号

太平金融大厦

　　太平金融大厦是一座集办公、商业、会议、金融服务等功能为一体的综合性大厦。该工程总投资额为22亿元，建筑总面积约为11.06万m²。

　　大厦位于陆家嘴中心区的核心位置，地理位置优越。设计上突出绿色生态办公理念，吸声吊顶架空地板，每个单元设有先进的通风器设施，外部的新鲜空气可由通风器过滤后进入室内，循环散放。

　　太平金融大厦楼高约208m，地上共38层，地下共3层（停车位及大厦的设备层）。大厦单元内净高达到3m，进深14m。客户可根据自身需要自由分割租赁面积，是陆家嘴中心区内新近落成的优秀国际甲级写字楼。大厦作为一座具有总部特征的甲级写字楼，外形庄重大方，立面时尚新颖，结构规整经济，功能实用，落成后已成为中国太平保险集团国内管理中心。

设计单位：日本日建设计株式会社、上海建筑设计研究院
建设单位：上海泽鹏置业有限公司
总建筑面积：11.06万m²
用地面积：9300m²
建筑层数（高度）：地上38层，地下3层；高度208m
竣工时间：2011年2月
建设地点：上海浦东新区银城中路488号

中国国际金融信息中心

2014年1月1日，作为上海国际金融中心建设的重大基础工程，由新华社与上海市政府组建的中国金融信息中心正式启用。首批入驻的功能性项目有：国家价格研究院（上海）、新华上海贵金属交易中心以及陆家嘴金融网。

总建筑面积近7万m²的中国金融信息中心是新华社和上海市政府战略合作的重要内容，是国家"核、高、精"项目新华社金融信息平台（新华08）的重要载体，工程自2009年5月奠基，2012年7月25日结构封顶。大厦位于浦东陆家嘴金融中心区北侧沿江第一排，东至东园路，西至浦东公园，南至上海海洋水族馆，北至滨江大道。

项目用地十分狭小，设计师采用化大为小的体量分解设计手法，将建筑整体设计一虚一实、一主（宝石）一次（宝石盒）的"双塔"组合体，裙房位于北侧，塔楼整体向南侧略退，依次形成从江面到江堤、裙房、塔楼及项目南侧超高层建筑群的阶梯状城市意象，丰富了沿江景观的层次，完善了区域的城市天际线。

设计单位：上海陆道工程设计管理有限公司
建设单位：中国金融信息大厦有限公司
总建筑面积：6.95万m²
用地面积：6100m²
建筑层数（高度）：地上20层，地下4层；高度100m
竣工时间：2013年12月
建设地点：上海市浦东新区东园路18号

浦东嘉里城

　　浦东嘉里城位于花木行政文化中心区的核心区域，紧邻花木路、芳甸路口，是一座融合办公楼、公寓、酒店和商场的城市综合体，投资超过5亿美元，总建筑规模达33万m²。其中项目商场共3层，约4.5万m²；办公楼共43层，约9.2万m²；服务式公寓共182个单元，28层，约3.4万m²；五星级酒店共574间客房，30层，约7万m²。地下停车位约1200个。项目地上建筑面积为23万m²，地下建筑面积为10万m²。

　　浦东嘉里城采用生态型绿色建筑标准，通过能源与环境建筑认证LEED。其现代建筑的非凡气派与世纪公园的恬然景致相得益彰，遥相呼应。项目集合各种先进设施设备与科技通信系统，采用专业团队运营管理，使得现代商务的各种活动轻松便捷。浦东嘉里城也成为花木地区规模最大的综合性发展项目，成为浦东新国际博览中心区域的崭新地标。

设计单位：美国KPF设计事务所、上海建筑设计院
建设单位：上海浦东嘉里城房地产有限公司
总建筑面积：33.00万m²
用地面积：7.3万m²
建筑层数（高度）：地上43层，地下2层；高度179m
主体结构形式：核心筒框架结构
竣工年份：2011年3月
建设地点：上海市浦东新区芳甸路1155号

招商银行上海大厦

　　招商银行上海大厦位于陆家嘴中心区B3-2、B3-4地块，位于百步街以东，滨江大道以南，浦东南路以西，横跨2个街区，北临黄浦江，与东方明珠交相辉映。由招商银行股份有限公司投资约13.3亿元建设，占地面积约1.87万m²，地上建筑面积7.5万m²，总建筑面积9.8万m²。

　　项目利用一座空中连桥，将南北塔楼内部相连接，并为浦东江边建立了一座城市大门，从东北方眺望招商银行上海大厦将会见到这一景观性标志大门，成为极具象征意义的城市景观要素。

　　沿江58m的北塔下，通过连桥与208m的南塔相连接，连接屋顶的弧形线条与南北塔楼屋顶的线条互相呼应，3条弧线首尾连接，像3个音符，沿着塔楼的弧线跳至天际，充满动感，达到了建筑形体线条与城市空间关系的和谐统一，实现了建筑与城市的和谐共融。

设计单位：英国RMJM建筑事务所、上海建筑设计研究院
建设单位：招商银行股份有限公司
总建筑面积：9.80万m²
用地面积：1.87万m²
建筑层数（高度）：地上38层，地下5层；高度208m
竣工时间：2013年11月
建设地点：上海市浦东新区浦东南路57号

陆家嘴世纪金融广场（原塘东总部基地）

陆家嘴世纪金融广场是上海陆家嘴金融贸易区开发股份公司投资建造的第一个大型城市综合体项目，采用"整体规划，整体设计，整体施工、整体运营"的原则，历时6年才全部建成。设置有二层步行连廊系统，将整个项目全部联结起来，内部交通非常便捷。地下空间全部整体施工，进出地下车库的车道全部共同使用。

陆家嘴世纪金融广场东至锦康路，南至东锦江酒店，西至杨高南路，北至花木路。该项目占地面积约5.34hm²，总建筑面积约45万m²，地上32.3万m²，地下13.5万m²。由5栋甲级办公楼、集中绿地、配套商业设施和市政设施组成。地上5幢甲级办公楼高65m、125～200m不等，有1幢商业配套楼（约0.8万m²），地下1～3层提供超过1700个停车位，为客户办公提供了充足的保障。

陆家嘴世纪金融广场将与西侧在建中的上海国际金融中心（中国金融期货交易所、中国证券登记结算有限公司、上海证券交易所），北面的上海科技馆、东方艺术中心、世纪广场及东面的国际社区融为一体，通过张家浜景观河的串联，共同组成陆家嘴金融贸易区一个崭新的、综合性的金融总部集聚区。

设计单位：日本日建设计株式会社，中福设计院、悉地国际（深圳）
建设单位：上海陆家嘴金融贸易区开发股份有限公司
总建筑面积：45.80万m²
用地面积：5.34万m²
建筑层数（高度）：地上41层，地下3层；高度190m
竣工时间：2014年8月
建设地点：上海市浦东新区杨高南路729～799号

陆家嘴世纪金融广场

1	2
3	4

1　2008年7月
2　2008年11月
3　2010年5月
4　2011年11月

1	2
3	4

陆家嘴世纪金融广场
1 2012年9月
2 2013年9月
3 2014年
4 2015年3月

聚慧大厦（上海纽约大学综合楼）

　　陆家嘴慧聚大厦于2014年正式竣工，是上海陆家嘴（集团）有限公司为上海纽约大学定制的城市大学项目。上海纽约大学，是美国纽约大学、华东师范大学2所著名高等学府的强强联合办学，也是世界一流大学携手中国985工程重点大学创建的第一所具有独立中国法人资格的中美合作大学，与阿布扎比纽约大学、纽约校园共同组成纽约大学全球系统中的3个具有学位授予权的门户校园。

　　项目地上建筑面积约48000m²，地上15层，地下2层；大楼在公共空间设计上匠心独具，一切以学生为中心，除设置各类专用教室、教师办公室，还设计有完善的教学配套设施，如大型报告厅、图书馆、学生活动中心及餐厅等，努力打造一个紧凑而和谐的学习社区。

设计单位：中国海诚工程科技股份有限公司
建设单位：上海陆家嘴金融贸易区联合发展有限公司
总建筑面积：6.40万m²
用地面积：6941m²
建筑层数（高度）：地上15层，地下2层；高度72m
竣工时间：2014年6月
建设地点：上海市浦东新区世纪大道1555号

陆家嘴纯一大厦

陆家嘴纯一项目由上海陆家嘴金融贸易区开发股份有限公司投资开发建设，坐落于上海市浦东新区峨山路、南泉路交会处。项目地处浦东新区塘桥板块，项目至浦东新区陆家嘴金融城核心区约5km，距离地铁4号线、6号线蓝村路站步行约10分钟。

项目总建筑面积为46330m²，地上部分33528m²，地下部分12801m²。地上建筑由1幢甲级标准写字楼与2幢高品质企业公馆构成。项目共约有200个车位。

办公塔楼外形方正，立面规矩，顶部逐渐退台跌落，形成2个室外露台，既呼应北侧张家浜河岸景观，又为办公空间提供了额外的户外活动空间。沿河设置的2幢独立企业公馆，仿法式别墅设计，内部空间满足小型总部机构办公需要，与沿河景观形成开发互动的空间关系，也为高端总部办公提供了优质的场所。

设计单位：广万东（HMA）建筑设计公司、天华建筑设计院
建设单位：上海纯一实业发展有限公司
总建筑面积：4.60万m²
用地面积：8213m²
建筑层数（高度）：18层，高度85.6m
竣工时间：2015年3月
建设地点：上海市浦东新区峨山路505号

"金色阳光"老年公寓

项目位于浦东新区内环线内塘桥街道环龙路299号，闹中取静，出行便利。

陆家嘴金色阳光老年公寓，由上海陆家嘴金融贸易区开发股份有限公司精心打造，由日本专业养老建筑设计团队及台湾养老机构提供硬件建设和软件服务支持，公寓由2幢6～7层的公寓与公共区域组成，共设置各类公寓房间110间，护理房间约10间，以及公共活动大厅、各类教室、图书馆、多功能厅、餐厅、公共浴室、理疗室、医护室等多种功能空间。室外花园、步道优雅宜人，地下一层提供机动车停车位、仓库和各类机房空间。屋顶还设有室外活动场地。项目外立面采用暖色系面砖，辅以白色石材勾勒，温暖舒适，显得格外精神，努力营建国际一流高品质老年服务公寓。

该养老公寓面对具有较高素养、对生活品质有较高要求的老年人，提供舒心适老化居住空间，完善贴心的生活服务，先进的健康管理系统，以及丰富的娱乐文化设施。

设计单位：株式会社日本设计、中福建筑设计院
建设单位：上海陆家嘴金融贸易区开发股份有限公司
总建筑面积：1.79万m²
用地面积：8710m²
建筑层数（高度）：7层，高度24m
竣工时间：2015年4月
建设地点：上海市浦东新区东环龙路299号

保利国际中心

　　保利国际中心位于陆家嘴金融贸易区沿江区域的核心区域，紧邻黄浦江东岸，与浦西外滩隔江相望，是保利地产在上海的最顶级作品。规划有2栋21层的滨江观邸（保利ONE56），9幢临江企业独栋公馆，以及17层的5A级写字楼，项目外墙全部采用玻璃幕墙和干挂石材，外形简约时尚，颇具现代感。

设计单位：美国SOM建筑设计事务所、华东建筑设计院
建设单位：上海保利建昊商业投资有限公司
总建筑面积：16.73万m²
用地面积：37000m²
建筑层数（高度）：地上17～21层，地下3层；高度80m
竣工时间：2014年8月
建设地点：上海市浦东新区浦明路868弄

上海中心

　　上海中心坐落于陆家嘴中心区核心区域Z3-2地块，是上海国际金融中心建设的重要载体。这座高达632m的综合性大厦将成为上海高层建筑史上新的里程碑，建成后将成为国内第一高楼。

　　早在浦东开发之初，上海中心大厦和相邻的金茂大厦、环球金融中心所在的位置，就已被规划为超高层建筑群，3栋建筑共同形成小陆家嘴中心区的制高点区域。考虑到建筑与区域乃至城市空间上的交互关系，作为陆家嘴核心区超高层建筑群的收官之作，上海中心大厦最终确定了632m的建筑高度，使其与周边420m的金茂大厦和492m的上海环球金融中心在顶部呈现优美的弧线上升，营造出相对和谐的城市天际线。

　　上海中心项目的规划方案投标始于2005年4月，前后历时3年多，共进行了3轮，十多家国际及国内一流的设计单位参与了这一方案的竞标。2008年4月24日，在上海市十三届人大常委会第三次会议上，上海中心的最后2个候选方案曝光——龙形方案和尖顶形方案。最后中标的龙形方案，来自美国GENSLER事务所，其设计灵感植根于中国传统文化。建筑外观宛如一条盘旋升腾的巨龙，"龙尾"在大厦顶部盘旋上翘，其旋转变化、螺旋上升的外立面体现了现代中国蓬勃的生机。同时，上海中心采用的一系列绿色可持续发展技术，也将使它成为世界超高层建筑新生代的代表。

　　上海中心大厦将成为浦东陆家嘴金融贸易区的标志性建筑和上海金融服务业的重要载体，同时，上海中心大厦也在优化陆家嘴地区整体规划，完善城市空间，提升上海金融中心综合配套功能，促进现代服务业集聚等方面发挥重要作用。

设计单位：美国GENSLER设计公司、同济大学建筑设计研究院
建设单位：上海中心大厦建设发展有限公司
总建筑面积：57.79万m²
用地面积：30370m²
建筑层数（高度）：地上127层，地下5层；高度632m
建设地点：上海市浦东新区银城中路501号

世纪大都会

　　世纪大都会地处连接陆家嘴中心区和竹园商贸区的世纪大道中段，位于世纪大道北侧，张杨路路口，站点区域交通条件十分优越，紧邻上海轨道交通规划网络中唯一一个4线换乘枢纽，轨道交通2号线、4号线、6号线、9号线4条城市轨道交通均经停本地块。优越的地理位置、高效的交通枢纽，使得项目成为上海市内环线以内最具人气的稀有旺地，建成后将成为未来上海市中心最具竞争力的，集商业、文化、娱乐、办公功能于一体的城市现代服务业集聚中心，对提升浦东现代服务业功能，将起到举足轻重的作用。

　　该项目占地面积约3.7万m²，主要由综合性大型商场与四栋甲级办公楼组成，建筑总面积为27.8万m²，其中商场总建筑面积约7.92万m²，办公总建筑面积约13万m²。项目总投资约60亿人民币。项目沿世纪大道呈展开的姿态，体现"欢迎"和"开放"的寓意，立面采用石材和玻璃幕墙交错设置，体现了稳重感和现代感。

设计单位：美国SOM设计事务所、上海建筑设计院
建设单位：上海陆家嘴金融贸易区联合发展有限公司
总建筑面积：27.80万m²
用地面积：3.79万m²
建筑层数（高度）：地上16层，地下4层；高度85m
预计竣工时间：2015年10月

世纪大都会

1	2
3	4

1 1993年8月
2 1998年5月
3 2005年11月
4 2007年4月

世纪大都会
1　2008年11月
2　2012年3月
3　2015年3月

第二节　道路篇

1990年以前，浦东和浦西之间往来的交通主要依靠黄浦江上的轮渡和少量汽车渡口，自从1989年7月延安东路隧道建成通车，原有的浦东南路、浦东大道、杨高路等道路逐渐形成了浦东陆家嘴地区的交通骨干网络。

1990年浦东开发开放以后，根据浦东新区总体规划和陆家嘴金融贸易区的总体规划，优先发展城市基础设施，先后建设了杨浦大桥、南浦大桥、延安东路隧道（复线）和大连路、复兴东路、人民路和新建路隧道。随着世纪大道的兴建，浦东南路和浦东大道的整治疏理，张杨路、东方路的拓宽和延伸，地铁2号线、4号线、6号线、9号线等线路的规划和建设，从越江系统、道路系统和城市快速轨道系统等3个方面同步推进，形成了陆家嘴地区新型城市交通网络，极大地方便了浦东和浦西地区的联系，彻底改变了"宁要浦西一张床，不要浦东一间房"的旧观念。

在浦东开发的初期，与城市规划同步提上议事日程的就是市政设施的建设。除了水、电、煤气和机场、码头，道路的建设对陆家嘴金融贸易区的建设和发展提供了最基础的条件。杨高路，作为贯穿浦东新区外高桥、金桥、陆家嘴三大开发区域的主要公路（当时属于城郊公路干道），经过路面拓宽、局部改道、等级提升等多项改建工程，当仁不让地承担了浦东新区主要道路十道的作用。

南浦大桥、杨浦大桥（原宁国路大桥）作为连接浦西和浦东的两座主要桥梁，以及连接两桥之间的内环线浦东段（罗山路段、龙阳路段），也成了首要的道路建设项目。东方路，原名文登路，为配合上海东方电视台入驻浦东而改名。其北接陆家嘴金融中心区和世纪大道，南通三林、杨思地区，与浦东南路一起，是陆家嘴金融贸易区内南北向的主要道路干道，也是浦东新区开发初期利用率最高的道路，作用相当重要。当时，还利用城市轨道备用地的建设时间差，迅速地建成了东方路商业一条街（临时建筑，现已拆除），不仅带动了浦东商业零售的新潮，更为当时新区政府的行政办公、中介服务机构、投资企业现场办公和商业服务设施提供了可快速使用的空间。

张杨路，西连浦东陆家嘴滨江地区，东接金桥开发区、外高桥开发区域，是陆家嘴金融贸易区内东西向的主要道路干道。浦东开发初期，结合新上海商城、张杨路商业街等商业规划，定位为一条连接商业功能、居住功能、体育设施的主要干道，其下建设有上海第一条管线共同沟，开创了城市道路市政管线集约化建设的新尝试。

世纪大道，是整个陆家嘴金融贸易区，甚至可以说是浦东新区道路网络的神来之笔。陆家嘴金融贸易区，原来就是杨浦区、黄浦区、南市区和原川沙县范围交错的混合地区，工业、航运、居住、耕地等各种产业混杂，一直到1990年宣布浦东开发开放，陆家嘴区域内可以成规模建设的区域也根本无法完全连接在一起，最终在原有的井字道路网格的系统下，为连接陆家嘴中心区、竹园商贸区和行政文化区域，也为体现整个上海市从虹桥开发区到静安、黄浦区，经外滩金融区延伸到浦东陆家嘴金融贸易区的城市发展轴线，克服各种技术困难和市民认知的习惯，花费巨大资金组织拆迁和工程建设，长约5km、宽100m的世纪大道。

经过国际方案征集，最终选定法国设计师提交的方案，先行建设80m路幅、保持20m绿化备用地，道路中心线根据地形关系偏向南侧，在道路北侧留出30m宽的城市人行通道，并根据中国特色花卉，精心设置了8个景观园林，以及大量的主题城市雕塑（如日晷广场、沙漏广场），既为陆家嘴金融贸易区提供了便捷和高效的道路系统，又为城市和市民留下了特殊的环境和感受。

这些道路是陆家嘴金融贸易区中最重要的几条：杨高路在联系浦东三大开发公司和浦东腹地起到了绝对重要的骨干道路作用；内环线（罗山路、龙阳路段）不仅是陆家嘴金融贸易区（31.78km²）的边界道路，而且也是整个上海市内环线高架道路系统的重要组成部分；东方路和张杨路作为陆家嘴金融贸易区的南北向和东西向的主要干道，既承担了原有道路网格的延伸，又承担了非常重要的经济社会责任；最神来之笔的是世纪大道，虽只有短短的5km长（从东方明珠电视塔到世纪广场浦东新区人民政府），但它把陆家嘴金融贸易区内的陆家嘴中心区、竹园商贸区、花木行政文化区、张杨路商业街、世纪大道中段等核心功能开发区域高效地串联在一起了，并将上海市从西往东的开发序列轴线自然而然地延伸到了浦东新区的腹地。这些骨干道路，简洁又高效，对外既与黄浦江对岸的杨浦区、虹口区、黄浦区、原来的南市区都有着非常便捷的联系，又与金桥开发区、张江高科技开发园区等兄弟区域互联互通；有效地构成和撑起了整个陆家嘴金融贸易区（31.78km²）的路网格局，呈现出"大鹏展翅"的意境，为浦东陆家嘴金融贸易区域的开发开放，持续发挥着无可替代的重要作用。

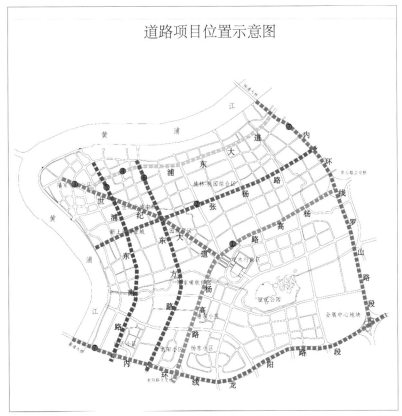

道路项目位置示意图

延安东路隧道陆家嘴出入口1994.2

延安东路隧道陆家嘴出入口2015.3

杨高路——浦东开发的道路先驱

　　杨高路，是浦东新区范围内一条呈西南—东北走向的主要干道，包括杨高南路、杨高中路、杨高北路，像一根弯弯的银针，牢牢地连接着外高桥保税区，金桥出口加工区、张江高科技园区、陆家嘴金融贸易区和六里综合开发区，以及世博园区、杨思镇和三林镇等区域，为浦东新区的开发开放发挥了非常重要的作用。

　　1956年上海市高桥区、洋泾区、杨思区合并成立东郊区，开始建设贯穿全区的道路。该道路起自杨思镇，终于高行镇，故名杨高路（现在的杨高路的"高"寓意为：高桥）。当时全长18.9km，宽3.5m，为碎石煤屑的简易公路。1971年铺设柏油路面，1981年路面拓宽至6～7m，同时由高行镇延伸至高桥，全长约27.2km。1992年随着浦东开发的起步，杨高路进行大规模扩建改造。改扩建后的杨高路全长约24.5km，道路红线宽50m，双向设置了6快2慢共8条车道，2008年，杨高路再度扩建成8快2慢共10条车道，并从"交通，让出行成为一种享受"的观点出发，针对道路景观等五大方面统一考虑，专门设计了杨高路标识，全面运用到道路附属设施系统中，强化了大众对道路文化的认知。

　　杨高路，自西南向东北将整个陆家嘴金融贸易区31.78km^{2}分成了两大区域，陆家嘴分区和花木分区，并将金融贸易功能和行政文化国际社区功能自然地分割开来，其两侧分别连接着南浦大桥和杨浦大桥，并通过世纪广场与世纪大道相连，将陆家嘴金融贸易区的交通系统与整个浦东新区紧紧地联系在一起，非常便捷地使陆家嘴的各项功能、开发活动快速有效地辐射到整个浦东新区范围。

　　从2015年开始的后三年内，在经过多年的反复论证和比选后，为了配合和服务杨高路沿线的陆家嘴金融广场项目（原塘东总部基地），上海金融广场、浦东10号地块文化综合地块的使用，浦东新区政府再次投入15亿元，立体化改造陆家嘴金融贸易区域内的杨高路、全长约5.85公里，建设跨线道路桥4座，穿越张家浜河道及连接世纪广场地下快速道路1座。改建完成后，可形成"主线六车道+辅线六车道"的格局，将沿着杨高路的过境车流与服务本地的车行道路完全分开，极大地提高了道路的利用效率，也使杨高路焕发出了新的面貌。

张杨路——浦东商业发展的见证

张杨路是浦东新区东西走向的干道，西起黄浦江东岸的杨家渡轮渡站，东到金桥路接张杨北路。

张杨路开辟于1958年，西起浦东南路，东到源深路，长1.68km，宽7～10m，原为郊区农村公路，碎煤渣路面，两旁多为农田，供手扶拖拉机行驶。因西接杨家渡路，东近张家楼而得名。

20世纪80年代中期，张杨路沿路修建竹园新村，铺设沥青路面，并开行郊区公交杨行线（杨家渡到高行，1995年延伸为泰同栈渡口到高桥的泰高线，如今已调整为金高公交181路）。

20世纪90年代以后，张杨路经过拓宽和延伸，成为贯通陆家嘴、金桥、高行、高桥、外高桥的主干道，并将浦东南路以西的杨家渡路并入。现已建成张杨北路（金桥路高桥港区）并得以贯通，轨道交通6号线部分路段与张杨（北）路平行共行。张杨路与浦东新区的多条南北走向道路交会，包括：浦东南路、东方路、源深路、民生路、罗山路、金桥路等。

早在浦东开发之前的1986～1990年，上海市政府、市财贸办、市计委、市建委、外资委、黄浦区等单位，就设想在张杨路沿线建设一个旨在方便浦东居民生活提升生活品质的"张杨路中心"，集商业、金融、文化于一体的具有商业街和步行街相结合的现代化商业中心，明确其为地区居民生活服务的商业购物中心，在规划功能上侧重发展商业，区别于陆家嘴地区的金融贸易功能。经过浦东开发办公室、陆家嘴公司的多方协调，在统筹解决了用地范围、居民动迁、建设主体后，又根据当时浦东新区的发展情况，将张杨路商业中心的功能定位从"以服务居民为主"改为"兼顾内外"，规划功能以"现代化的商业设施"为主，"减少住宅、金融和幼托用地"，规划容积率也相应地提高了。并且在体制上重新组建了"上海浦东商业建设联合发展公司"，全力推进兴建张杨路商业金融文化中心的工作，并逐渐延伸拓展张杨路的商业街的功能建设。

作为1994年浦东新区一号重点道路工程，张杨路总投资9.6亿，西起浦东南路，东至金桥路，全长7.04km，道路幅度达42～60米，并且第一次在道路中间设置了20m宽的绿化带。道路两侧修建了全国第一条城市道路管线共同沟，将公用管线铺设集中于一体的箱体式管沟，分单室与双室共同沟断面，2.6m×2.1m，5.6m×2.6m不等，容纳电力电缆、通信电缆、给水管道于一室，煤气管线单独一室。

整个张杨路按功能分为3个路段，西段源深路向西至黄浦江边，规划建成新上海商业城、竹园商贸区、张杨商建区域。中段源深路至罗山路，规划建设新区商业娱乐公共活动中心，东段罗山路至金桥路规划建设高端住宅区和综合服务地区及商业中心。

经过不懈的努力，1995年12月，作为全国第一家中外合资的零售企业——上海第一八佰伴有限公司投资建设的新世纪商厦开业，不仅拥有极旺的人气，而且带动了张杨路商业街的建设和形成。随之而来的新大陆广场、良友大厦、三鑫世界商厦、华诚商厦、福使达大厦、远东大厦、内外联大厦等一大批商业建筑纷纷在张杨路沿线建设开业。到1997年底，

除银峰大厦外，其余16幢大楼均竣工开业。

自2001年10月开始建设的上海市复兴东路隧道工程，是世界上首条投入运行的双层双管六车道地下越江隧道，比同类单层隧道提高40％的车辆通行能力，是继打浦路隧道、延安东路隧道、外环线隧道和大连路隧道后，上海新建的第5条越江隧道。全长2780m，西起复兴东路，东至浦东张杨路、崂山西路以东，成为陆家嘴金融贸易区与浦西市区沟通最便捷的一条隧道。隧道上层净高2.6m，双车道，供小型车辆行驶，下层净高4m，为单车道，供大型车辆行驶，另备一条紧急停车道。于2004年10月建成通车。

现在的张杨路已经发展为一个成熟商圈，和南部的世博园区以及昌里路商业街区南北呼应。道路两侧新建众多的商业大厦，如第一八佰伴、华润时代广场、汤臣洲际大酒店、太平洋数码广场、百脑汇等，随着生命人寿大厦、鄂尔多斯大厦、中融商城、"上海湾"等一批商业项目改造完成，使之越加繁华。以张杨路为中轴线，北至商城路，南至潍坊路。形成了功能定位为集购物、餐饮、商务、娱乐、文化、休闲功能于一体的张杨路商圈（又称新上海商业城商圈），立足中档，兼顾高档，满足浦东市民、商务人员和市内外观光游客的消费需求，并与浦东开发开放的城市形态和功能相适应的综合性市级商业中心。

张杨路商圈建设过程
1　1993年5月
2　1995年11月
3　1997年11月
4　2015年3月

1	2
3	4
5	

张杨路世纪大道
1 1992年3月
2 1993年5月
3 1995年6月
4 2005年4月
5 2015年3月

世纪大道——陆家嘴金融贸易区的道路脊梁

　　早在浦东开发的初期，上海的规划专家提出了连接陆家嘴中心区、新上海商业城、竹园商贸区、行政文化中心和中央公园的开发意向轴线，但当时朱镕基同志提出了建设开发功能轴对浦东开发开放的重要性，并决定付诸实施。世纪大道因为是西北—东南走向的一条道路，类似地球的轴，所以在浦东开发的初期称为轴线大道，以后又因为其路幅宽、气势大又改称中央大道，1997年根据这条大道的通车时间、功能、意义正式定名为世纪大道。世纪大道的建设对进一步促进景观形态建设，更好地带动金融、商贸等各类要素市场的功能开发、美化环境、招商引资、集聚人气起到了关键的作用，同时对加快整个浦东新区陆家嘴金融贸易区意义重大。

　　1994年7月2日，被列入上海市和浦东新区十大重点工程之一的轴线大道（后易名为世纪大道）样板段正式开工。1994年12月3日，轴线大道按计划提前12天全面竣工。

　　1998年1月16日，世纪大道工程正式启动。1月22日，上海市计划委员会以沪计投〔1998〕932号文对世纪大道（延安东路隧道口—杨高路）工程可行性研究报告作出批复：工程投资为118922万元，全长约3819m，其功能为城市景观大道、交通次干道。

　　从1998年3月中旬至6月下旬，上海陆家嘴（集团）有限公司在上海市政设计院完成的世纪大道工程扩初设计以及景观设计初步设想的基础上，进行了世纪大道景观设计国际咨询工作，请美国EDAW公司、RTKL公司、法国夏氏–德方斯公司等3家在国际上具有相当景观设计能力的设计公司完成了3个世纪大道的景观设计方案。

　　1998年8月31日，上海市政府常务会议听取了浦东世纪大道总体设计方案的汇报，会议就设计方案、开工、竣工日期、景观设计及实施要求作出了明确的规定。世纪大道，从东方明珠至世纪公园全长约5km，宽100m，西起东方明珠、陆家嘴环岛，东至浦东新区行政文化中心，被誉为"东方的香榭丽舍大街"。世纪大道功能定位为城市景观大道。按法国夏氏—德方斯提供的方案设计，将世纪大道中心线向南偏移10m，成为世界上独一无二的不对称道路。

　　世纪大道主要特色有：

　　（1）横断面大胆地采用了非对称布置的道路。中间31m是4来4去的车道。北侧人行道44.5m（包括一条6m的辅车道），南侧人行道24.5m（包括一条6m的辅车道），道路的中心线向南偏移了10m。圆满地解决了东方路、张杨路与世纪大道无法正交的矛盾。

　　（2）壮观的园林景观。100m宽的世纪大道，南北侧人行道绿化景观面积就占了69m。南侧人行道布置了2排香樟行道树。特别宽的北侧人行道布置了4排行道树，常绿的香樟在外侧，沿街的内侧则是冬季落叶乔木银杏，对阳光起到了夏遮冬透的树种效果。同时辟出了8个180m长20m宽的面积构成"中华植物园"。这8个植物园分别是玉兰、樱桃、茶花、栾树、水杉、紫荆、紫蔚、柳园，都以中国8大类树木为主，有近百种灌木和20多种乔木，总量达8万多棵。每个植物园的设计主题突出，各具特色，并考虑到了季节不同的安排，尽显各季花木的魅力，将道路与绿化有机地联系起来。

（3）城市系列环境小品规律性地体现了其整体性和现代高技术的风格。根据世纪大道的命名特点，设计师独具匠心地在世纪大道的沿途景观上设置了矗立在杨高路交会处的巨大雕塑日晷针、路边的沙漏计时器等小品，使整个世纪大道成为世界唯一以"时间"为主题的城市雕塑展示街。此外，简洁的造型配以精致的金属张拉结构，无论是立柱，还是长椅、护栏、灯杆及遮蔽棚都采用了统一的色调，成为标志性、特征性的色彩。世纪大道行人道上的铺地，采用了8cm厚的花岗石达11万m²。行人道侧石的花岗石宽度为30cm，超过了一般道路的12cm。世纪大道上仅1～3标段就移栽行道树1200余棵（其中香樟900余棵，银杏200余棵），每棵树还制作了花岗石树环、铁护栏，并放置了透气管和输营养液管。

世纪大道的建设共分4个标段，除第四标段从杨高路到中央公园部分由浦东控股公司负责实施、从东方明珠到浦东南路约1000m为一标段（样板段）已由上海陆家嘴（集团）有限公司在1994年进行动迁建设并已通车外，其余的从浦东南路到杨高路北侧的二、三标段则均由上海陆家嘴（集团）有限公司负责建设。陆家嘴公司专门成立了工程指挥部，下设5个工作小组，3个标段迁了近5000户居民、70多家企业。在组织、人员上保证各项工作的顺利进行。世纪大道是一项宏伟的建设工程，其建设，不仅对浦东功能开发和形态开发有重大影响和作用，而且给两侧的地块带来无限的商机。

2000年4月18日，世纪大道正式建成通车。2000年11月1日，世纪大道荣获2000年度中国市政工程金杯奖。2004年12月8日，世纪大道工程被评为"上海市十佳优秀金奖工程"之一。世纪大道在浦东陆家嘴金融贸易区的兴建，是中国第一条真正意义上以景观为主、交通为辅的大道，被列为市重大市政工程和浦东新区"九五"后三年重点工程是上海迎接新世纪标志性的形象工程之一。

俗话说"十年树木"，世纪大道上的绿化经过10多年来的生长已经郁郁葱葱。两侧的商业、文化、旅游、休闲等功能开发工作也正在逐渐完善。尤其是世纪大道两侧的商办楼宇犹如雨后春笋般破土而出：占地面积约8.92万m²，总建筑面积约38万m²，地处陆家嘴金融贸易区核心区域，由东方路、张杨路、福山路、潍坊路围合而成"世纪大都会"项目已经开工；高达492m共101层的上海环球金融中心也于2008年8月28日正式宣布落成启用；设计总高度达632m的上海中心大厦2008年11月29日正式开工；2008年11月28日，浦东新区一个全新的商业业态——陆家嘴九六广场揭幕进入试运行……法国用3个世纪建设了巴黎从卢浮宫至拉德方斯这个世界著名的香榭丽舍景观中轴线。我们深信，面向新世纪的新上海现代都市风情景观街再经过几年逐步完善，就像法国设计师们所说的那样：世纪大道与世界上最优秀的道路相比，也毫不逊色！

1	2
3	4
5	

世纪大道样板段
1 1994年3月
2 1996年6月
3 1997年5月
4 2005年9月
5 2015年4月

世纪大道中段2-1地块

1	2
3	4
5	6

1　1993年3月
2　1994年3月
3　1995年4月
4　2004年10月
5　2009年4月
6　2015年4月

浦东大道——陆家嘴航运第一街

浦东大道西起浦东南路，东到东沟镇，全长8.387km，宽19～25m，沥青混凝土路面。原名浦东路，始建于1930年，宽为10m的煤屑路。1952年改浇沥青路面，1955年改现名，以后逐段拓宽改建。

由于浦东大道的东西走向，与其北侧的黄浦江走向基本平行，尽享了沿江便利的优势，几乎全部的有关造船、检测、航运、教育、海军工业等方面都与浦东大道有所关联，使得浦东大道又名"陆家嘴航运第一街"。

浦东大道1号中国船舶大厦，是中国船舶工业集团积极参与浦东开发的标志性成果，一边根据新区规划腾出工业用地，一边积极转型参与浦东金融中心的建设。船舶大厦甫一落成，其独特的地理位置和优越的门牌号码优势使9家首批外商独资银行机构中的7家落户于此，俨然成了不是银行大楼的银行大楼。

浦东大道720号，国际航运中心大厦是浦东开发之后由中远集团投资建造的高标准办公楼和五星级酒店，建成后吸引了众多国际船务、航运以及像西门子集团这样的著名工业设备集团入驻其中，甚至包括德国劳氏船级社等租户，其建筑造型也以200m高的巨大身形，隐喻着高大的船舶正在起航的雄伟姿态。

浦东大道981号，自1993年起到2009年止，一直是上海陆家嘴（集团）有限公司的总部办公楼，在这里谋划了陆家嘴金融贸易区开发的各个计划，解决了开发过程中碰到的各个困难，绘就了浦东开发的各个点滴成就。现在，成为浦东新区四大功能之一的"航运中心"的组织、协调、实施机构的办公场所。楼虽然不高，面积也不算大，但仍然为浦东新区的开发开放，为陆家嘴金融贸易区的建设，发挥着特有的作用。

浦东大道1234号，中国船级社（CCS）上海分社是中国自己的船舶规范研究所和培训中心，是由国际海事组织（IMO）向其成员国推荐的科研实验单位，也是中国验船师的摇篮。1990年初，随着长三角地区造船、航运和对外贸易的迅猛发展，面对众多外国船级社的进驻，CCS上海分社积极抢占我国船检市场，提高技术服务水平，取得了骄人的业绩。作为中国船检的一支重要的力量，如今CCS上海分社正与以中船集团公司为首的船舶企业一起，携手努力创造上海乃至中国船舶工业的美好明天。

浦东大道1610号，上海海事大学，其前身可追溯到1909年晚清邮船部上海高等事业学堂（南洋公学）船政科，1959年交通部在上海重建上海海运学院，2004年5月更名为上海海事大学。在校全日制学生已逾1.4万人。几十年来，学校致力于培养航运领域的高级专门人才，形成了突出的航运办学特色，已向社会培养输送了4万余名毕业生，成为名副其实的国际航运人才的摇篮。

　　浦东大道2311号，浦东大道与南浦大桥的交汇处是中国人民解放军4805厂。从19世纪末的耶松船厂、英商和丰铁厂、祥生铁厂逐渐合并而形成了当时上海最大的外资企业，自1952年后移交华东军区海军舰船修造部管理，经过五十多年的发展和多次合并，最终形成面积达30多万平方米、码头岸线1000余米、固定资产3亿元、拥有职工3100人的规模，成为海军系统大型船舶修造和备件研制企业。

　　现如今，浦东大道已经无法适应巨大交通流量的负荷，城市轨道交通的发展也迫切需要在这里铺设新的轨道交通线路。2010年，浦东新区政府反复权衡、精密计算，推出了浦东大道的一揽子改造计划：拓宽原有的路幅、连接延安东路隧道，建设直达金桥开发区的地下快速道路系统和轨道交通14号线，三大工程同步推进，预计需要封闭浦东大道达5年之久。虽然艰巨的工程还刚刚开始，但我们拭目以待，期待浦东大道凤凰涅槃，以崭新的姿态，再次展现在我们的面前，再次在浦东开发的大潮中发挥更新更大的作用。

浦东南路——与功能开发同步发展的城市干道

浦东南路，位于浦东新区西部，北起原北护塘路，南到上南路，与耀华路相接，全长4.788km，宽17.5～42m（其中车行道宽17.30m），沥青水泥路面，是上海浦东新区乃至上海市最重要的干道之一。

浦东南路最初在1920年填埋万鹤浜，修筑了一小段7m宽的煤渣路，名为震修路（中段）。1932～1935年，完成浦东路的工程，就是今天的浦东南路和浦东大道，1948年改铺为片弹街路面，称为新马路，1955年改名浦东南路。1958年，浦东南路路幅拓宽至30～36m（除了浦东大道以北路段）。20世纪60年代初，浦东南路路面作沥青表面处理。1979年又增拓4m宽的慢车道和人行道。1988年延安东路隧道建成通车前，浦东南路再度拓宽路面。

浦东南路，由北往南依次沟通了泰东路渡口、银城中路、浦东大道、世纪大道、东昌路、商城路、张杨路、浦电路、塘桥浦建路、南浦大桥、浦三路、南码头路、东方路、高科西路、云台路、洪山路和上南路耀华路。浦东南路还与延安东路隧道、人民路隧道、复兴东路隧道、打浦路隧道和西藏南路隧道相连接，与著名的南浦大桥、卢浦大桥直接相通，极大地方便了浦东与浦西之间的交通联系。

当初沿着黄浦江呈南北走向的浦东南路，一直是浦东地区南北向的主要交通干道。随着浦东的开发和黄浦江沿江地区的深度开发，浦东南路也在原有的基础上，继续承担着交通运输的重任，并且随着开发区域的向南延伸，浦东南路也在自然地向南强有力地发展着。

在这条南北向略微弯曲的马路上，有着众多浦东新区，乃至上海市的重要区域和标志性建筑。浦东南路以西，东昌路以北一带是陆家嘴金融贸易区的核心区域，金茂大厦、环球金融中心、东方明珠、正大广场、人民银行、花旗银行、国家开发银行、上海证券交易所等都在此区域内，上海轨道交通2号线陆家嘴站、东昌路站，上海轨道交通9号线商城路站就在附近。

浦东南路张杨路交叉的区域是浦东开发以来新兴的市级商业中心——张杨路商圈，新世纪商厦、华润时代广场、汤臣洲际大酒店、新大陆商业广场、太平洋数码广场、新梅商业广场等都坐落在此区域内，上海轨道交通2号线、4号线、6号线和9号线纵横交错，将浦东浦西的市民源源不断地运送到这里。

再往南，浦东南路浦建路口的塘桥地区原来就是通往浦东腹地的塘桥客运车站的所在地，当年与奉贤、南汇、金山的客运班车均需要从这里出发。现在，塘桥地区也是正在兴起的另一个浦东的商业中心区域，当年这里就耸立着代表了浦东农民积极参与浦东开发的"种田人也出头了"的"由由饭店"，作为浦东开发三大开发公司的首个办公地点，见证了浦东开发初期的热潮和艰辛。如今，这幢朴素的建筑虽然仍然站立在浦东南路浦建路口，但其周围早已建成了现代化的由由国际大厦、喜来登由由酒店、巴黎春天百货公司等建筑，原来的客运站现在变成了高档办公楼和东樱国际社区等建筑群。

举世瞩目的2010年上海世博园区就选址在浦东南路和黄浦江之间的区域中。传承了老浦东传统的昌里路商业区域，5.28km²的世博园区不仅创下世博历史之最，也是上海有史以来最大的单体建设项目。更重要的是，今后世博地区的再开发已经成为上海城市功能转型和产业调整的新支点，必将发挥其特有的功能，为浦东新区，为上海市增添崭新的活力和无穷的魅力。

东方路——引领陆家嘴竹园商贸区发展的道路

东方路，原名文登路，北起原新华装卸公司南侧，穿浦东大道，经栖霞路、乳山路、沈家弄路、张杨路、潍坊路、浦电路、蓝村路，南讫浦建路，全长4.15km，宽10～38m。其中车行道8～30m，沥青路面。辟建于1953年，以山东省文登县命名。1956年，由煤渣路改建为沥青路。1976年填小漾浜向北延伸至今起点。现已向南延伸至浦东南路。

20世纪80年代前，浦东地区的建成区基本上就到东方路西侧为止，东方路以东的区域基本上是农村地区和农田区域。80年中后期开始在东方路以东地区建设居民新村和动迁安置用房，初步建成了竹园新村、梅园新村等一大批多层公房。东方路按照命名原则以山东文登路为名。

浦东开发初期的1994年底，上海广电系统成立了新的东方电视台，选址在东方路、龙阳路口，并计划建设新的东方电视台大厦。为配合这一响应浦东开发的新举措，经新区政府批准，文登路改名为"东方路"。

浦东开发贸易兴市，为建立社会主义市场经济新机制，恢复上海资金流、商品流、物资流等中心城市功能的战略思想，经市委市政府、新区管委员决定，利用轨道交通6号线用地的开发时间差（东方路东侧保留30m市政用地），建设东方路商业一条街，以尽快形成陆家嘴金融贸易区商业服务格局。经过1994～1997年近3年建设，东方路全线辟通，北起浦东大道，南达浦东南路，商业街的建设也已经初具规模。

东方路商业一条街于1994年开始建设，5月8日首批商店开业，20余幢风格各异的商业建筑，集购物、美食、旅游、娱乐于一体，吸引了上海市、区属商贸集团、大店名店，以及部分国家、外省市商贸企业在此经营。

商业的启动，带动了金融贸易、商业服务、文化娱乐等行业的纷纷抢滩，东方路商业街中经营比较集中的行业有百货服装、五金交电、文化用品、建筑装玻、烟酒食品、文化娱乐、餐厅酒家、金融证券和烟草市场、人才交流市场等商业企业139家，颇具名气的有竹园购物中心、时装公司浦东分公司、浦东友谊商店、联华超市、东方家交电商店、绿波浪酒家、王家沙酒家、扬州饭店、上海烟草市场等一大批商业零售企业，带动了浦东商业零售服务业的兴起，也为浦东居民提供优良的商品和服务。

随着东方路两侧的一批高层建筑竣工开业，商业、金融、文化、办公功能齐头并举。东方路商业一条街3年销售总额达105亿元，其中1994年销售32亿，1995年销售43亿元，仅排在南京路、淮海路、四川路商业街之后，成为当时浦东新区最大、商业网点最集中的商业零售中心。东方路商业街向人们展示了现代化商业购物观念，在周末夜市东方路上一片流光溢彩店牌、招牌、广告牌闪烁跳动，各式各样五彩缤纷的灯饰将新区的新气象、新氛围洒向夜空，东方路成为新区第一条不夜街。

被誉为"浦东南京路"的东方路商业街，伴随着大规模的市政建设已逐步拆除，规划中的"竹园商贸区"腾空出世，21座高层楼宇组成的商业贸易大厦展露芳容。非常具有代表性的建筑有安徽省投资的"裕安大厦"，山东省投资的"齐鲁大厦"，台湾汤臣集团投资的"汤臣金融大厦"，以及一大批以省部楼宇为代表的"中国石油大厦"、"中国煤炭大厦"、"中达大厦"、"宝钢大厦"、"红塔大酒店"等等，这些自浦东开发后建成的新型办公商务综合楼宇，一起构成了陆家嘴金融贸易区的中间力量。从空中鸟瞰这个楼群，它们通过世纪大道与以金茂大厦为标志的陆家嘴中心区密切相连，在陆家嘴的核心地段呈现了国内乃至亚洲首屈一指的商务楼群体，充分展示了现代化大都市的崭新面貌。

如今，东方路的商业影响力仍然继续向南辐射着。越过张家浜桥，原本作为陆家嘴动迁配套的峨山路工业园区，也逐渐从工业动迁基地、标准工厂厂房过渡为浦东软件园陆家嘴分园、陆家嘴软件园。经济业态在变化，经济模式在转变，陆家嘴软件园的主力客户也从软件研发企业，到金融机构后台服务，到电子商务、游戏、证券软件，到保时捷、沃尔沃等高档汽车的销售总部。东方路的发展，也给陆家嘴软件园带来了巨大的协同效应。

东方路商业街！

内环线浦东段（龙阳路、罗山路）——上海城市快速干道系统的重要组成

作为陆家嘴金融贸易区的分界道路，连接南浦大桥、杨浦大桥（原宁国路大桥）的罗山路、龙阳路快速干道，建成之后即成为上海市内环线的重要组成部分，也是浦西市民从北、从西进入浦东陆家嘴金融贸易区的主要车行道路。内环线浦东段还通过大型龙阳立交枢纽、张杨路立交、杨高南路立交等互通交通设施，成为陆家嘴区域与浦东金桥、张江、南汇等其他区域连接的主要道路，成为陆家嘴区域的南环线。

据《浦东新区地方志》记载，浦东花木镇原有龙王庙村，建在浦建路和沪南公路边上。20世纪80年代，建了一条通往东海，途经花木镇的污水管道，在管道上方修建了一条公路。由于这条路是从龙王庙出发向东的，取从龙王庙到东海边的意思，就称为"龙东路"。龙东路，原名龙东公路，西起沪南公路的花木乡龙王庙，贯花木、张江、唐镇、王港、合庆等乡，东迄合庆乡庆丰村，与川南奉公路相接，全长19.3km。浦东开发后，随着南浦大桥建成，龙王庙向西的通桥道路也建成，被称为"龙阳路"，而向东的龙东路被拓宽，改名为"龙东大道"，一直延伸至浦东新区东海边，然后转弯向南通往浦东国际机场。

罗山路，位于浦东新区陆家嘴金融贸易区的东侧边界，北起杨浦大桥浦东引桥处，南至外环线，全长约11km。

上海内环线，官方称呼为"上海内坏高架路"，是上海市最早建设的城市快速高架道路，全长47.7km，于1993年开工建设，1994年沪太路至金沙江路一期工程建成通车，分为双向四车道，设计时速80km/h。1994年10月，上海内环线高架路（浦西段）通车。浦东段和浦西段通过杨浦大桥、南浦大桥两座大桥连接，并且与南北走向的南北高架路，一起构成了"申"字形的上海核心区域高架道路系统。

龙阳路和罗山路这两条原本普通的道路，不经意地构成了上海内环线高架道路浦东部分的重要组成部分，初建时为地面快速道路，浦东新区政府投资近27亿元，最后完成了高架道路建设，于2009年12月25日晚正式通车。至此，上海内环线才算真正意义实现了全线高架通车。内环线（浦东段），路宽50m，长18.8km（包括桥梁长度），它的建成从交通地理形态上清晰地明确了陆家嘴金融贸易区的范围，也标示了陆家嘴成为上海市中心城区的地位。

上海内环线（浦东段）的建成，对浦东开发发挥了巨大的重要作用，经过逐年的建设拓宽，并且完成了全互通的高架快速化建设，其作用将日益重要。

第三节　景观雕塑篇

1995年在国家宏观经济调控政策的影响、政策优势的消弱、房地产急剧降温、开发成本上升等因素的影响下，浦东开发遇到了第一个影响期。为了继续坚持改革开发开放浦东不动摇的决心，尽快体现世界一流的新兴城区的形象，1996年5月，在上海市委、市政府和浦东新区党工委、管委会的决策下，在"浦东开发要集中力量，扩大战果，加快陆家嘴中心区的开发建设"思想的指导下，决定用两年时间在陆家嘴区域实施"四个一"工程，即陆家嘴中心区的建设、滨江大道一期建设、区域观光路线环境建设和菊园小区建设，正式拉开了陆家嘴开发形态建设向形态与功能同步建设的转变。这同时也标志着浦东陆家嘴区域的动迁、批租、项目建设的同时，大规模开展城市道路、城市景观环境建设的开始。

陆家嘴中心绿地，是早在1992年陆家嘴中心区国际方案征集时就提出的大手笔概念，完全是由来自法国、英国、日本、意大利和中国的建筑、规划大师们按照"人与自然和谐"的原理，勾勒的最具未来感、自然感的一笔！在1993年最终经过上海市人大常委会汇报、讨论和市政府批准的"陆家嘴中心区控制性规划"中，这块城市中的翡翠已经明白无误地展现在宏伟的蓝图中。

滨江大道，上海陆家嘴（集团）有限公司在建设浦东滨江时采用了与浦西高高的"情人墙"完全不同的设计理念，采用开放式亲水平台的设计方式，经过滨江大道一期（样板段）、滨江大道富都段的试验建设，并听取开放使用后的民众意见，逐步完成滨江大道一期（1500m）和滨江大道延伸段，至2006年全面建成2500m的陆家嘴中心区滨江大道。设计或结合逐渐退台的空间，设置了半地堑式的停车场；或结合绿化设置的餐饮配套服务设施，这些理念不仅在浦东开发初期是首创的，而且到现在也都在上海市黄浦江滨江绿化带中占有领先的地位。滨江大道建成后，迅速成为国内国际游客游览、上海市民休憩娱乐的优选之地。

世纪公园，占地超过10km²，是整个陆家嘴金融贸易区的"绿肺"。建设投资超过4亿人民币，内部功能分区得当，湖水自然，是浦东乃至上海市民的出游首选。每年国庆期间的"国际烟花节"成为浦东新区一张靓丽的城市文化旅游活动名片。

陆家嘴中心区二层步行连廊系统，是陆家嘴中心区近年完成的第一条中心城区大型完整的二层人行步行系统。虽然浦东开发还不到25年，原有规划的道路系统已经不堪重负。经过慎重的规划和论证，上海陆家嘴（集团）有限公司受政府委托建设完成了长达2.3km的二层步行连廊系统，下接地铁2号线，上接沿线的各金融银行大楼，为办公室"白领"提供了无缝的交通换乘、步行空间，也解决了地面的车辆通行。直径超过80m的明珠环位处东方明珠电视塔、正大广场、国金中心、滨江大道、中心绿地等商业旅游服务设施的正中间，为交通、旅游人士提供了绝佳的视觉空间，成为陆家嘴中心区的新亮点。

景观项目位置示意图

● 景观项目
● 雕塑项目

中心绿地——陆家嘴皇冠上的明珠

　　中心绿地，位于陆家嘴中心区的核心部位，紧邻延安东路隧道浦东出口处，占地超过10万m²，是上海市中心规模最大的开放式自然绿化公园。

　　早在陆家嘴中心区国际规划咨询和控制性详细规划的编制阶段，各国专家、上海市政府、规划单位和上海陆家嘴（集团）有限公司均认为陆家嘴中心区开发与自然环境保护、可持续发展非常重要。因此在寸金宝地的陆家嘴中心区内规划了一个面积超过10万m²的城市绿地公园，作为开发区域的自然绿色核心，承担着自然风道、城市绿肺、建筑和空间的协调以及方便金融区办公人员视觉享受和绿色休闲的重要作用。自1996年开始，上海陆家嘴（集团）有限公司在项目转让、交地动迁、市政配套建设进入高潮和困难时期，仍然坚定不移地筹集巨额资金，集中优势人员力量，进行中心绿地的建设，不可不谓是城市开发建设史上的一个伟大的壮举。

　　中心绿地，所在区域原来是浦东陆家嘴金融贸易区陆家嘴中心区内最大、最集中的危旧棚户区，动迁难度非常巨大。在上海市政府、新区管委会的领导下，于1996年8月1日开始前期动迁，经过近9个月的艰苦努力，共动迁企事业单位9家、居民3500户，拆除各类违章建筑达20多万平方米，动迁费用超过7亿人民币。在动迁最困难的时候，浦东新区还抽调了大量的机关干部轮流参与动迁工作，与上海陆家嘴（集团）有限公司一起团结奋战，使得中心绿地的动迁终于得以按期完成。

　　1996年10月东外滩逸飞环境艺术公司完成中心绿地规划设计方案；1997年1月中心绿地人工湖开挖；1997年4月，上海绿地总公司开始绿化工程，上海船厂金属管件厂开始施工安装绿地雕塑《春》；1997年5月中心绿地绿化自动灌溉系统开通运转，中心绿地滨江大道管理处入驻办公，中心绿地景观帐篷开始安装篷布。1997年6月中心绿地高压喷泉调试成功，3台泵最高可喷120m，当时在国内尚无先例。1997年6月邀请了当地的动迁居民代表和曾经参加过动迁工作的新区55名机关干部观光游览了新落成的中心绿地，看到半年前破旧的棚户区已经变成观景休闲绿洲时，运迁居民和新区机关干部们深感光荣。1997年7月1日，香港回归纪念日，中心绿地正式建成对外开放。

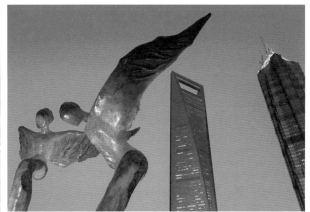

中心绿地的主要特色有：绿、门、道、湖、棚、草、室。

（1）整个绿地的地形高底起伏。以绿为主，水景为辅，简洁自然、通透壮观的设计，形成了现代金融城区大气势的宜人景色，被誉为"都市绿肺"。

（2）绿地的进口以"春"为主题的雕塑，由8朵绽放的钢结构"鲜花"组成，通过高低、大小、粗细的错落变化，以强烈的节奏感来表现一种充满生机、蓬勃向上的生命力；同时别致的造型，取代了传统意义上的入口造型，表示浦东陆家嘴永远敞开大门，欢迎来自海内外的宾客。

（3）从高空俯瞰，蜿蜒在绿地中的道路，勾勒出上海市花白玉兰的图案，恰似一幅上海市市标。"白玉兰"的中间是8600m^{2}的中心湖，设计成当时浦东新区的地图形状。湖中央主喷泉在双层环形副喷泉的簇拥下犹如玉龙腾空，颇为壮观。当夜幕降临，在灯光的烘托下，就像腾空升起的莲花，分外迷人。

（4）湖畔的观景棚主桅杆高28m，棚形如白色的海螺，又像船帆，给人以无限遐想。棚内设有洽谈、休息处。从这里望去，成片的绿茵边，林立的高楼构成上海新的万国建筑博览会，美不胜收，为游人在开阔的绿地内创造出休闲、飘逸的感觉。

（5）整个绿地的草皮面积65000m^2，都是从欧洲引进的冷季型草，四季常绿。绿地中部和北部点缀着垂柳、白玉兰、银杏、雪松、香樟、黄杨、水杉、广玉兰、红枫等花灌木、乔木类植物，充满着生机和活力。

（6）绿地南面的陆家嘴开发陈列室（原陈桂春旧宅、现临时为吴昌硕纪念馆）向游人展示中西文化交织的特色建筑和陆家嘴过去、现在和将来。

上海浦东陆家嘴中心绿地经评选荣获了1998年的"园林杯"排名第一的上海十佳绿化景观和2000年评选的"绿花园林金奖"；2003年3月6日，经上海市绿化管理所评定，陆家嘴中心绿地被评为上海市四星级公园；2004年5月18日，由上海市人民广播电台、浦东新区经贸局联合举行的"浦东新区十佳景点"评选工作启动，根据广大市民投票结果，陆家嘴中心绿地、滨江大道双双当选。

如果是天气晴朗的日子，绿地上将出现一对对身着各种款式白色婚礼服的新郎新娘们，形成了一道独特的风景线。现在这里已是上海现代大都市的主要都市园林景观之一，婚纱摄影、广告拍摄的首选之处。陆家嘴绿地中有几棵格外引人注目的大树，那是在动拆迁时精心保留下来的，因为绿地的建设者们深知"十年树木"的艰辛，同时也为动迁的居民留下了怀旧的方位标记和陆家嘴变迁的印迹。建设陆家嘴中心绿地极大地改善了陆家嘴金融中心区的环境，更主要是体现了浦东新区政府、陆家嘴的建设者们严格实施规划的严谨和决心。

中心绿地湖畔

1	2
3	4

1 1996年9月

2 1997年3月

3 1998年3月

4 2010年12月

陆家嘴中心绿地建设进程

1	2
3	4

1　1996年7月
2　1996年10月
3　1996年12月
4　1997年1月

陆家嘴中心绿地建设进程
1	2
3	4

1 1997年3月
2 1997年5月
3 1997年6月
4 1997年9月

世纪公园——浦东城市中的绿肺

世纪公园，原名浦东中央公园，地处浦东花木行政文化中心区东南侧，是上海内环线中心城区内最大的富有自然特征的生态城市公园。公园占地140.3hm²，由上海浦东土地控股（集团）有限公司，即当时的上海市浦东土地发展（控股）公司建设，总投资逾10亿元人民币。

公园总体规划方案由英国LUC公司设计，其设计思想体现了东西方文化、园林艺术的融合，人与自然的融合，具有现代特色的中国园林风格。

世纪公园以大面积的草坪、森林、湖泊为主体，建有乡土田园区、湖滨区、疏林草坪区、鸟类保护区、异国园区和迷你高尔夫球场等7个景区，以及世纪花钟、镜天湖、高柱喷泉、南国风情、东方虹珠盆景园、绿色世界浮雕、音乐喷泉、音乐广场、缘池、鸟岛、奥尔梅加头像和蒙特利尔园等45个景点，以及鸟类保护、科学体验、科学实验、儿童游乐园等设施。园内设有儿童乐园、休闲自行车、观光车、游船、绿色迷宫、垂钓区、鸽类游憩区等13个参与性游乐项目，可垂钓、放风筝、野餐。同时设有会展厅、蒙特利尔咖啡吧、佳盅苑、世纪餐厅、海纳百川文化家园和休闲卖品部。

2012年，世纪公园乡土田园区创建为"上海市科普教育基地"，通过图文展示，介绍近百种树木和花卉的自然科学知识，让游客在游园的同时能进一步了解自然，走进自然。世纪公园还被评为国家AAAA级旅游景区、上海市五星级公园、上海市十佳观鸟点之一。

世纪花钟，是世纪公园的标志性景点。它背靠镜天湖，面向世纪大道，圆形的花坛直径达12m，以绿色的瓜子黄杨为刻度，以花卉作点缀，整个花钟绚丽多彩。世纪花钟由卫星仪器控制定时，误差仅0.03s，既有科学性、艺术性，又具有实用性。世纪公园于2000年4月18日正式对外开放，为纪念这个具有跨世纪的意义，加之该钟处于世纪大道末端，故称为"世纪花钟"。

镜天湖，面积超过12.5hm²，是由人工挖掘而成，最深处达5m，目前是上海地区面积最大的人工湖泊。镜天湖与公园外缘的张家浜相通，湖的东面建有水闸，可以控制湖面的水位。每当微风拂过，湖面波光嶙峋、碧波荡漾，湖水清澈如镜，故名镜天湖。

每年10月国庆期间，世纪公园都要组织世界各国的烟花汇演，成为浦东新区自然与文化和谐共生的新亮点。

如今的世纪公园，不仅是浦东市民，也是上海市民节假日休憩放松、享受自然环境的最佳去处之一。

项宇清 摄

滨江大道——黄浦江上的新外滩

滨江大道，最早也通常是指浦东陆家嘴中心区黄浦江东岸沿线的景观道路，在陆家嘴中心区内岸线全长约2500m，宽度为50～170m之间。全部滨江大道可分为3段，南起富都广场至陆家嘴路原轮渡站口，中段自原轮渡站口至丰和路，从丰和路到泰同路轮渡口为北段，是集观光、绿化、交通及服务设施为一体，着眼于城市生态环境和功能配套的沿江景观工程。

滨江大道，突破了传统的滨江绿带、滨江公园的概念，由防汛墙体（半地下厢体）、亲水平台、音乐喷泉、坡地绿地、江边观光大道和游艇码头等组成，是集安全保障、休闲、娱乐、健身、信息交流等多种功能形态的滨江生活带。滨江大道与上海著名的万国建筑群的浦西外滩隔江相望，被称为浦东的"新外滩"。

滨江大道的总体布局自然合理，设置7m高的防汛墙体确保了黄浦江千年一遇的防汛要求，利用半地下厢体空间，规划公共停车和过境道路，并可作为防汛抢险通道；同时沿江建立了数百米的亲水平台，标高4.0～4.5m，与平均潮位3.1m的黄浦江水面相距仅1m多，是上海黄浦江两岸迄今最靠近江水的游览平台，每当黄浦江4米以上高潮水位时，还可能水漫步道，涉水而缓缓行走，别有一番趣味。为广大游客提供了与母亲河人水亲密的最佳环境。景观设计以喷泉广场构成景观主轴线，北侧露天演出场地为副轴线，以原址船厂保留的铁锚雕塑等小品加以点缀，蕴含了历史变迁的意义。

设计单位为上海市政工程设计研究院及同济大学设计院，建设单位为上海陆家嘴（集团）有限公司和富都世界发展有限公司，用地面积约82800m²，建造面积地下一层约150000m²，主体结构为钢筋混凝土框架。

滨江大道样板段于1993年建成。继而作为1996年市委、市府"四个一"工程的组成部分，滨江大道工程加快了扩建的步伐。在1997年7月1日香港回归前夕，建成了1500m的一期工程并对外开放。随后北段也建设完成。从此上海浦东外滩全长2500m的滨江大道初露其清香艳丽的芳容。

1）陆家嘴样板段（210m）

浦东开发伊始，中央领导和外国政要名人频频到访浦东新区，可是要想在浦东一侧的黄浦江畔眺望浦西外滩的万国建筑群，竟然找不到一块平坦的观赏场地。为此，上海陆家嘴（集团）有限公司在动迁、转让、建设的高潮和压力中，抽调人力资金，拉开了陆家嘴滨江大道建设的帷幕。经过很短的时间共搬迁了10多家企业和码头，于1992年12月22日开工滨江大道样板段（陆家嘴路至丰和路段共210m）建设，于1993年12月23日完成，百岁老画家朱屺瞻欣然挥毫题写赫然醒目、遒劲有力的4个字"滨江大道"。

2）滨江大道南段（富都世界段）

1994年底，滨江大道（富都世界段）正式开始建设。富都段全长约1000m。总面积7.83hm²，计划总投资人民币3亿元。在吸取浦西外滩和滨江大道样板段的建设经验后，富都世界段开启了全新的滨江大道的建设。

1996年底，滨江大道南段（富都世界段）的亲水平台桩基工程开工，1997年4月基础结构完成，1997年7月1日富都世界段滨江大道建成对外试开放。

滨江大道南段（富都世界段）是现代建筑艺术和喷水广场的融合。一个80多米的水池里，布置了21组拱形喷泉，象征着我国昂首阔步奔向21世纪。别具一格的喷泉广场，在厢体顶上圆形广场内旱式水池喷出的风帆水柱，象征浦东开发的航船鼓帆远航。水经过坡地台阶状的跌水池，跌落到亲水平台中的水池里，水池里又是一组变化多姿

1995年12月

2014年9月

的喷泉。沿跌水涧两侧拾级而下，可直达弧形临水平台，进入临水步行道。滨江江堤富临亭、都乐轩2处尖顶小筑，兼作地面与半地下机动车道的垂直通道，乘机动车前来可经此直达滨江江堤。江边还有全透明的风景观光厅和举行广场文艺演出的欢乐广场。这里原有70多年历史的上海立新船厂码头旧址，现已改建成观光码头。因此设计时匠心独具地保留了缆桩，并设置了链式栏杆和巨型铁锚。望着这高高耸起的铁锚，人们的思绪既可回归过去，又可观赏现在，向往未来。

富都段其余约550m长和上海陆家嘴（集团）有限公司段其余约800m在1999年迎接"财富论坛"会议环境整治时实施了绿化工程。

3）滨江大道（中段）

1997年1月，由上海市政设计院设计、经专家多次建议修改的、陆家嘴路连接南北滨江大道通道的设计方案正式确定。

1997年6月28日召开新闻通气会宣布"四个一"工程取得阶段性成果，滨江大道和陆家嘴中心绿地试行开放。1997年9月26日上海陆家嘴（集团）有限公司全体员工还在滨江大道举行了歌咏大会。

1997年10月18日，时任中共中央总书记、国家主席江泽民在上海市委书记黄菊、上海市市长徐匡迪等陪同下视察了陆家嘴中心绿地及滨江大道富都段。江泽民欣然题词："努力把陆家嘴建设成为面向国际的现代化金融贸易区。"

1997年10月23日滨江富都段三角绿地建成。2001年元旦，滨江大道正式向市民免费开放。

滨江人道东方明珠段（中段）是整个浦江东岸风景"协奏曲"中最精彩的乐章。在这坡地绿化带中，树木枝繁叶茂，草坪青翠欲滴，鲜花夺目怒放，整个景致显得错落有致，立体感十分强烈。当浦江潮起时，即可踩水去亲近浦江，感受回归自然的乐趣。此外，还有多处喷水池、水幕墙、露天音乐广场等设施。亲水平台中央有个水景广场，由跌水喷泉、流水墙面和瀑布组成，从高到低，三景一气呵成，别具一格，给人以美的享受。在亲水平台上人们可凭栏临江，面对荡漾的浦江水，背靠东方明珠，眺望外滩古老的建筑群，使人产生心旷神怡的感觉。2005年5月17日，集中展示浦东开发开放10年建设成就的精品项目评选揭晓，滨江大道荣获园林绿化金奖。

4）滨江大道（北段）

滨江大道（北段），有一块近5000m²的大草坪让人有豁然开朗、心旷神怡的感觉。江边兴建的，似海鸥展翅飞翔的东方游船码头等景观，是人工与自然、端庄与典雅的巧妙结合。船上的游客将可直接在此登陆游览滨江大道和浦东新区。在亲水平台一侧逐渐升高的坡地上，鲜花、灌木镶嵌在翠绿的草丛中，给人们创造了一种远离大都市的安逸、憩静的环境。原浦东公园内的石板路、木扶手和绿色丛林给人以回归自然的享受。此外，还有为迎接新世纪的到来专门制作的巨大的世纪铜钟。附近的水族馆也一展海洋世界的风采。夜晚，漫步滨江大道，浦江两岸华灯齐放，幢幢大厦晶莹剔透，五彩缤纷，江中巨轮引船高歌，令人赏心悦目……

2007年8月15日，滨江大道亲水平台工程（东园路—浦东南路段）开工建设。陆家嘴滨江大道亲水平台改造工程全长约465m，宽21.7～23m，高度约5m。整个工程由亲水平台、驳岸、防汛墙、景观绿地等共同组成。

2008年4月14日，陆家嘴滨江大道亲水平台提前35天全线贯通。

在世界著名的上海外滩对面，绿色的滨江大道绵延数公里，犹如一条彩带镶嵌在浦江东岸，给申城增添了一道亮丽的风景线。浦东"新外滩"的开发建设给陆家嘴地区的巨变带来了前所未有的变化，也为浦东的开发、形象的提升创造了优异的条件。

张家浜景观河道——流经陆家嘴的母亲河

　　张家浜，西起黄浦江，东通长江口，全长23.5km，横贯浦东新区中部，是浦新区的一条骨干河道。在老浦东人的记忆中，张家浜曾经是远近闻名的臭水浜。这条河流经老城区和农村地区，沿线危棚简屋多，沿岸违章搭建严重，河水常年黑臭，垃圾成堆，蚊蝇肆虐，河道变窄，直接影响了浦东新区的经济发展和改革开放的形象。

　　张家浜主要流经陆家嘴金融区、花木行政中心区和张江、金桥、唐镇、合庆等地，地理位置十分重要，沿途承担着防汛和排灌功能，与苏州河、洋泾浜等上海著名河流一样有着悠久的历史。

　　浦东新区政府立足于保护生态环境的意识，将张家浜整合整治工程列入新区环境建设形象工程和上海市政府重大突击工程，参考了各地水利施工规范，多方咨询水利专家，按照"高起点、高标准、高品位"的要求，大手笔地对整治工作进行规划、设计、施工和管理，新的张家浜功能定位为防汛、防洪、不通航的集生态、休闲、娱乐为一体的多功能景观河道。

　　1998年以来，浦东新区政府先后投资6.17亿元，分3期对张家浜西段、中段、东段进行工程性整治，总计拆除违章建筑9740m²，动迁各类建筑58000m²，疏浚土方296.96万m³，沿岸污水截流纳管3km，新建护坡驳岸47.7km，并建成10～40m宽的绿带52.83万m²，通过沿线雨污水分流工程、张家浜雨水泵站污水截留工程等项目的实施，主要水质指标已经达到国家规定的景观用水（Ⅴ类）标准，河道两岸已成为市民休闲、晨练的好场所，整个张家浜河道区域形成了新的旅游景点，充满生机和活力。

　　张家浜河道景观工程将自然景观引入城市，集"防洪、排涝、生态、娱乐、休闲"于一体，绿化疏密有间，河道主次分明，河道景观跌宕起伏，基本做到"水清、岸绿、景美"，形成各具特色的都市风光区、农家风情区、人文教育区等诸多景区。张家浜滨水景观规划的主要构思是：构筑完整的步行系统；通过张家浜河道，将浦东新区张家浜周边通过相对完整的自由的步行、自行车系统在浦东的市中心结合成一条绿色的廊道和开敞空间系统；形成相对完整的景观格局；通过张家滨绿色廊道将分散的绿地串起来，形成浦东的"宝石项链"；以人为本，人与自然和谐共处。

　　浦东新区政府还专门编制了《张家浜景观河道旅游开发策划》，未来的张家浜将通过整体开发、深入开发，力图成为浦东的"塞纳河"，成为串起沿岸美景的"水晶项链"。规划中的张家浜计划打造5大景区：植物园区、健身休闲区、水上娱乐区、观光农业区、自然保护区及科普教育基地。张家浜整治工程和管护工作先后荣获中国人居环境范例奖、中国市政金杯示范工程奖、上海市"金奖工程"、"优秀样板河"、"长效管理示范河道"、"景观特色河道"等光荣称号。

　　在陆家嘴金融贸易区内，从杨高路到锦绣路，是张家浜景色最美的一段，河面宽达40m，两岸灌木丛生，香樟葱郁，广玉兰、桃花争相开放。北侧是上海著名的上海市科技馆，俊朗的外形，大气的建筑造型，与自然水景交相辉映，相得益彰，在张家浜沿岸打造了一个高品质的科技专业展览馆，成为青少年学科学爱科学的好去处。南岸是新建的张家浜逸飞创意街，是上海唯一的亲水文化产业集聚区，整个沿河的展厅、摄影厅、画廊、精品商店等建筑星星点点，如云中之城，掩映在张家浜绿色的岸边，为浦东新区的文化创意产业、休闲娱乐旅游事业发挥着重要的作用。

张家浜河改造
1 1993年7月
2 2008年7月

陆家嘴中心区二层步行连廊系统——陆家嘴中心区的纽带

随着上海城建市政集团建设者将4块总重为40吨的钢箱梁吊装到环球金融中心前的世纪大道人行道上空，陆家嘴中心区二层步行连廊工程——世纪连廊项目钢梁架设主体结构实现全线贯通。这也意味着今后游客们从陆家嘴地铁站出来，不再需要横穿马路，而是可以通过二层步行连廊，步行到达正大广场、东方明珠、国金中心、金茂大厦、环球金融中心等重要的商贸大厦和旅游景点，实现楼宇间互通互联，有效缓解"看得到、走不到"的困扰，同时解决陆家嘴地区的地面交通拥堵，完善陆家嘴地区的商业和服务功能。

陆家嘴中心区二层步行连廊系统是上海陆家嘴（集团）有限公司受浦东新区政府的委托，融资并建设的中心区首座二层步行系统兼顾观光和交通集一体的社会公共服务性立体交通设施，类似的二层连廊系统在日本等国和中国香港地区较为普遍，具有良好的示范作用，对于解决陆家嘴地区的地面交通，完善陆家嘴地区商业和服务功能起到重要的作用，有着巨大的社会和经济效益。作为立体城市，利用二层连廊连接建筑物、广场和绿化等外部环境，功能化连接城市，通过人车分流，充实各自的功能，确保城市交通的安全性。

陆家嘴中心区二层步行连廊工程，也是陆家嘴地区的标志性景观工程，由"明珠环"、"东方浮庭"、"世纪天桥"、"世纪连廊"4部分共同组成。一期工程由"明珠环"、"东方浮庭"、"世纪天桥"3部分组成，已于2010年4月竣工。二期的"世纪连廊"，也于2014年10月建成投入使用。

明珠环，是上海首个集商业配套、景观休闲于一身的立体交通设施，位于陆家嘴西路、世纪大道、陆家嘴环路、丰和路交义口上，以人行功能为主，连接地铁2号线、东方明珠、正大广场等处。明珠环为直径117.5m的圆形钢结构天桥，桥面宽9.7m，周长370m，桥面宽达8.5m，桥下净高5.7m以上。用钢量为2500t。天桥配置有步行楼梯、自动扶手梯和无障碍垂直电梯。

东方浮庭，位于地铁2号线陆家嘴车站上盖及车站北侧，占地约6000m^2，以人行和商业配套设施为主，总建筑面积为7000m^2，为2层框架钢结构楼房建筑，其一层扩充公交车辆站点、公共厕所和便利设施，二层设小型商业配套设施约2000m^2，并施以屋顶绿化，总用钢量为950t。

世纪天桥，包括椭圆形广场和"人字形"天桥于2011年国庆节前竣工，此桥在跨越世纪大道后，直达上海国金中心，这意味着行人穿越世纪大道，既可以从地下走，也可以从空中通过。椭圆形广场为一长37.3m，宽35.5m的四边形平台，"人字形"天桥为一全长280m的钢结构人行天桥，桥面宽9m。总用钢量为2300t。

世纪连廊，全长约543m，标准桥宽9m，上部立柱和箱梁均采用钢结构，总用钢量约3500t。世纪连廊从国金中心大楼出发，跨越银城东路后，沿世纪大道南侧一路向西，分别连通金茂大厦和环球金融中心，目前环球中心二层的两个接入口已投入使用，正在建设的中心区Z4-2地块建筑二层接入口也预计2015年春节前竣工。

至此，陆家嘴中心区二层步行连廊系统历经重重困难全部建设完成，完整地展现在世人的眼前，为陆家嘴的办公人员增设了一条安全、漂亮、舒适、便捷的步行通道；也为陆家嘴的成百上千的国内外游客增添了一个休憩观光购物就餐的好去处；更为陆家嘴中心区，为浦东新区贡献了一个无可替代的新亮点。

1 | 2
3 | 4
5

二层连廊"明珠环"
施工
1　2008年8月26日
2　2009年7月13日
3　2009年11月26日
4　2009年12月24日
5　2009年12月30日

1	2
3	4
5	

二层连廊"明珠环"
施工
1 2010年1月5日
2 2010年1月7日
3 2010年3月11日
4 2010年4月16日
5 2013年8月12日

城市雕塑

雕塑在某种意义上可以说是一个城市的眼睛，一个城市的精神文明程度的标识，在表现一个新兴城市的活力上，雕塑有着无可替代的功能。

浦东新区开发是一个快速城市化和现代化的过程，在短短的10年开发建设过程中，浦东新区政府部门不仅编制完成了陆家嘴金融贸易区的总体规划、各个重要开发区域的控制性详细规划以及核心地块的城市设计、景观规划设计，还在2000年编制完成了《浦东新区城市雕塑布局规划》，并获得了新区规划部门的批准。规划确定了4个方面的雕塑题材，8个方面的城雕布局方向，以及内环线内、外地区的城雕分布体系。

陆家嘴区域的城市雕塑，有各种形式，有项目开发商在建设楼宇的同时一并设计雕塑的（中信"五牛"、环球"磁"），有取材于开发建设过程中保留的一些标志性构建（滨江大道"锚"），有大型城市市政工程的配套工程（罗山路"活力"，世纪大道"时间"系列），还有征集创作的城市雕塑（"回归绿洲"、"时间"系列）。

充分考虑空间和位置因素的优秀城市雕塑，会改变整个城区的氛围并形成整个城区的象征。城市雕塑不能只是单纯地置放，而需要充满艺术激情地去设计制作和安装，这样才能发挥其深远的影响。

《活力》

地处罗山路立交桥绿化中，3根麻花状红色立柱，耸立在中心绿地之间，鲜红的色彩，象征着浦东新区热情、奔放、动态、活力的精神状态，不管从哪个方向，很远就能看见3根熊熊烈焰的红色火炬，非常震撼人心。

《锚》

在浦东风景秀丽的滨江大道上，有一个锈迹斑斑的大铁锚，高高地站立在亲水平台上，背依着浦东陆家嘴金融贸易区拔地而起的幢幢高楼，注视着浦西外滩万国建筑群。这铁锚原隶属于身处当地的立新船厂。当年船厂搬迁后，为了纪念为浦东开发开放作出过贡献的船厂，也为暗喻和符合滨江大道滨水的特质，特意保留了这只铁锚，并将它重新竖立在这浦江两岸之间，引领着浦东人继续走在改革开放的潮头。

《五牛》紫铜雕塑

位于中信五牛城广场正前方，是中信公司1992年在浦东投资建设的。"五牛城"源自民间传说：古代九天玄女云游四海，行至东海之滨，发现大地太极祥光聚集，人畜兴旺，一派发达景象，特令五神下凡，化为五条黄牛，辛勤耕耘，凡劳作之处，牛气冲天，硕果累累，黄金遍地，风光之好堪称人间仙境，这就是建设单位寓意的今日浦东。

《时间》世纪大道系列雕塑

（1）东方之光，又称"日晷"，是世纪大道端处的最重要的城市雕塑，位于世纪大道杨高路交会处开阔的环岛上，背靠大型广场和世纪公园，以原始计时工具"日晷"为原型，采用不锈钢网架结构，令人联想到遥远的历史。

（2）世纪辰光，位于世纪大道与崂山西路的交叉口，以中国古代计时器"沙漏"为原形，9根高低不一的不锈钢镶玻璃立柱"沙漏"，呈抛物线分布，构成行星轨迹，每隔2～5天，电泵就会把漏掉的沙再打上去。这座雕塑将古代科技与现代思想结合相得益彰，别具情趣。

（3）五行，其创意源自中国古代相生相克的哲学思想，以金、木、水、火、土5个甲骨文字造型为基本设计元素，5部分雕塑形象各异，"金"取三角形，呈塔形立于中央，"木"由立方体作大胆切割而成，"火"取火苗形，以上三者皆以铸铜为材；"水"用不锈钢做出流畅的象形文字水形曲线，"土"则取材于自然山石确凿而成。

《磁》

2009年，由中国艺术家刘建华创作的大型城市雕塑《磁》，落户在陆家嘴中心区环球金融中心门口。这座雕塑颜色明快，造型独特，整体上呈马蹄形，红蓝两色的磁极直指蓝天。以磁铁为创意原型，寓意陆家嘴金融城具有磁铁般强大的吸引力，吸引全世界的信息以及精英人才，形成交会，产生强大的影响。

这座由上海环球金融中心的开发商、日本森人厦株式会社投资建设的大型城市雕塑，反映了开发商坚持在城区开发中融入文化和艺术要素的理念，不仅要盖出高质量的摩天大楼，也要将各类文化设施以及众多公共艺术品，引进到城市中来。

《回归绿洲》

2011年落成在陆家嘴中心绿地中，是上海最大的青铜雕塑，高度超过13m，总重量达34t。大地女神和自然女神的化身作为雕塑形象，象征着人与大地、人与自然的和谐共生关系，是中心绿地的亮点。

世纪大道《五行》雕塑

第三章

陆家嘴金融贸易区
25周年建设项目汇总表

（2015年3月止）

江

杨浦大桥

罗山路立交桥

园综合区

世纪公园

花木行政区

会展中心地块

陆家嘴中心区

序号	地块	名称	用途	用地面积（m²）	总建筑面积（万m²）	地上总建筑面积（万m²）	
1	陆家嘴中心区	港务大厦	办公	16250	3.42	2.50	
2	陆家嘴中心区	东方明珠广播电视塔	文化	38773		9.49	
3	陆家嘴中心区	中国国际金融信息中心（新华社新闻信息中心）	办公	6100	6.95	5.00	
4	陆家嘴中心区	海洋水族馆	综合	12094	4.00	2.10	
5	陆家嘴中心区	上海国际会议中心	综合	18000	9.50	9.10	
6	陆家嘴中心区	万向大厦	办公	9543	4.24	2.85	
7	陆家嘴中心区	浦东海关大楼	办公	11466	3.10	2.70	
8	陆家嘴中心区	中国平安金融大厦	办公	27667	15.50	10.50	
9	陆家嘴中心区	中银大厦	办公	9919	12.00	10.00	
10	陆家嘴中心区	交银金融大厦	办公	9974	9.90	7.90	
11	陆家嘴中心区	陆家嘴金融信息楼	市政	4425	0.91	0.51	
12	陆家嘴中心区	汇亚大厦	办公	8452	9.30	7.04	
13	陆家嘴中心区	上海银行大厦	办公	11677	10.70	8.50	
14	陆家嘴中心区	黄金置地大厦	办公	10559	9.00	7.50	
15	陆家嘴中心区	星展银行大厦	办公	11675	6.68	4.38	
16	陆家嘴中心区	上海凯宾斯基大酒店（原上海新天哈瓦那大酒店）	酒店	11700	8.73	7.00	
17	陆家嘴中心区	招商银行上海大厦	办公	18700	9.80	7.50	
18	陆家嘴中心区	时代金融中心（原发展大厦）	办公	9629	10.40	8.50	
19	陆家嘴中心区	中融碧玉蓝天大厦	商办	9000	10.00	7.52	
20	陆家嘴中心区	恒生银行大厦（原森茂国际大厦）	办公	10423	11.68	8.90	
21	陆家嘴中心区	华能联合大厦	办公	9300	7.23	5.64	
22	陆家嘴中心区	中国民生银行大厦（原中商大厦）	办公	9000	9.43	7.84	

建筑层数	建筑高度（m）	发展商	设计单位	建设时间	竣工时间
地上28层，地下2层	102	交通部上海地区水运通信网工程指挥部	华东工业设计院	1990年12月	1995年6月
	468	上海广播电视塔工程建设处	华东建筑设计院	1991年7月	1995年5月
地上20层，地下4层	100	中国金融信息大厦有限公司	上海陆道工程设计管理有限公司	2011年3月	2013年12月
地上4层	41	上海海洋水族馆有限公司	上海现代建筑设计集团	1999年5月	2001年12月
地上11层	51	上海东方明珠股份有限公司	浙江省建筑设计研究院	1996年4月	1999年8月
地上19层，地下3层	88	上海万向置业有限公司	华森建筑与工程设计公司	2007年5月	2008年12月
地上22层，地下1层	94	上海海关大厦有限公司	华东建筑设计研究院	1993年3月	1996年6月
地上38层，地下3层	203	中国平安人寿保险股份公司	日本日建设计株式会社 华东建筑设计院	2004年12月	2008年4月
地上53层，地下3层	230	上海浦东国际金融大厦有限公司	日本日建设计株式会社 上海建筑设计院	1995年12月	2000年9月
南塔地上50层，北塔地上47层，地下4层	229	交通银行大厦有限公司	德国ABB事务所 德国OBERMEYER工程公司 华东建筑设计院	1997年4月	2000年9月
地上3层，地下2层	15	上海陆家嘴金融贸易区开发股份有限公司	中福建筑设计院有限公司	2008年6月	2010年2月
地上29层，地下4层	160	新资房地产（上海）有限公司	美国KPF建筑师事务所 华东建筑设计院	2002年5月	2005年3月
地上46层，地下3层	230	上海莘盛发展有限公司 上海银行	日本丹下健二建筑师事务所 华东建筑设计院	2002年2月	2004年6月
地上40层，地下3层	200	上海黄金置地有限公司	华东建筑设计院	2004年2月	2005年12月
地上18层，地下3层	95	上海陆家嘴金融贸易区开发股份有限公司	美国海波建筑设计公司 中福建筑设计院有限公司	2005年12月	2009年12月
地上30层，地下2层	120	上海新天舜华有限公司	西班牙阿尔瓦多建筑师事务所 同济大学建筑设计院	2003年12月	2007年6月
地上34层，地下5层	208	招商银行股份有限公司	上海建筑设计院	2008年初	2013年11月
地上46层，地下3层	239	上海迪威行置业有限公司	日本日建设计株式会社 上海建筑设计院	2004年9月	2007年6月
地上48层，地下4层	220	上海中融置业发展有限公司	美国GS&P设计公司 上海江欢成建筑设计有限公司	2005年12月	2008年7月
地上46层，地下4层	203	上海森茂国际房地产有限公司	藤田株式会社 大林组 华东建筑设计院	1995年4月	1998年4月
地上38层，地下3层	188	上海华能房地产开发有限公司 申能集团 久事集团	华东建筑设计院	1994年4月	1997年6月
地上45层，地下2层	189	上海民生银行股份有限公司	华东建筑设计院	2004年7月	2009年12月

序号	地块	名称	用途	用地面积（m²）	总建筑面积（万m²）	地上总建筑面积（万m²）
23	陆家嘴中心区	华夏银行大厦（原京银大厦）	办公	8600	6.75	5.60
24	陆家嘴中心区	世界金融大厦	办公	8250	8.70	6.90
25	陆家嘴中心区	上海招商局大厦	办公	7301	7.10	6.04
26	陆家嘴中心区	新上海国际大厦	办公	6781	7.68	6.21
27	陆家嘴中心区	银都大厦	办公	6120	3.30	3.00
28	陆家嘴中心区	国家开发银行大厦（原建设大厦）	办公	7468	6.60	5.70
29	陆家嘴中心区	上海证券大厦	办公	11870	9.58	7.91
30	陆家嘴中心区	浦发大厦	办公	6947	7.10	5.70
31	陆家嘴中心区	上海信息枢纽大厦	办公	8250	10.20	8.78
32	陆家嘴中心区	渣打银行大厦（原陆家嘴伊藤忠开发大厦）	办公	5957	5.43	4.40
33	陆家嘴中心区	中国保险大厦	办公	7263	6.10	5.10
34	陆家嘴中心区	二十一世纪大厦	办公	12000	10.00	8.20
35	陆家嘴中心区	金茂大厦	综合	23611	28.74	23.02
36	陆家嘴中心区	上海中心	综合	30400	55.88	37.97
37	陆家嘴中心区	上海环球金融中心	综合	30000	31.54	24.94
38	陆家嘴中心区	盛大金磐	住宅	55276	20.64	16.57
39	陆家嘴中心区	上海国际金融中心	综合	69400	55.50	41.50
40	陆家嘴中心区	正大广场	商业	31003	24.30	16.90
41	陆家嘴中心区	浦东香格里拉大酒店	酒店	10037	7.00	5.50
42	陆家嘴中心区	浦东香格里拉大酒店（二期）	酒店	9193	6.20	5.00
43	陆家嘴中心区	未来资产大厦（原合生国际大厦）	办公	10300	8.30	5.98
44	陆家嘴中心区	震旦国际大楼	办公	9720	8.70	6.50
45	陆家嘴中心区	花旗集团大厦	办公	11892	11.40	8.93

续表

建筑层数	建筑高度（m）	发展商	设计单位	建设时间	竣工时间
地上39层	160	中国华能房地产开发公司 韩国汉拿建设株式会社	华东建筑设计院	1995年11月	1998年8月
地上43层，地下3层	167	上海新世界-建设发展有限公司	同济大学建筑设计院 香港立安、茂盛、柏诚顾问有限公司	1994年5月	1997年10月
地上39层，地下2层	186	招商局地产有限公司	香港关善明建筑师事务所	1992年12月	1995年12月
地上38层，地下4层	168	新上海国际大厦有限公司	加拿大B+H国际建筑师事务所	1992年12月	1997年5月
地上18层，地下1层	89	中国人民银行上海分行	华东建筑设计院	1992年5月	1995年9月
地上41层，地下3层	159	上海市城市建设投资开发总公司	华东建筑设计院	1993年12月	1997年6月
地上27层，地下3层	109	上海浦利房地产发展有限公司	加拿大WZMH设计师事务所 上海建筑设计研究院	1993年8月	1997年9月
地上36层，地下3层	147	上海东展有限公司 上海浦东发展银行	加拿大WZMH设计师事务所	1996年7月	1999年10月
地上41层，地下4层	286	中国电信集团上海市电信公司	日本日建设计株式会社 上海建筑设计院	1996年4月	2000年6月
地上26层，地下3层	135	上海陆家嘴金融贸易区开发股份有限公司	上海建筑设计院	1997年7月	2008年1月
地上40层，地下3层	150	中国保险大厦有限公司	加拿大WZMH设计师事务所 华东建筑设计院	1995年3月	1998年5月
地上49层，地下3层	183	上海二十一世纪房地产有限公司	美国GENSLER设计公司 华东建筑设计院	1998年9月	2010年9月
地上88层，地下3层	420.5	中国上海对外贸易中心股份有限公司 中国金茂（集团）股份有限公司	美国SOM设计事务所 华东建筑设计院	1993年12月	1998年6月
地上127层，地下5层	632	上海城投集团 陆家嘴股份公司 上海建工集团	美国GENSLER设计公司 同济大学建筑设计院	2008年11月	2015年
地上101层，地下3层	492	上海环球金融中心有限公司	美国KPF建筑师事务所 株式会社入江三宅设计事务所 上海现代建筑设计集团 华东建筑设计院	1997年8月	2008年
地上43层，地下2层	150	上海金磐房地产有限公司	新加坡工程集团 华东建筑设计院	2002年11月	2005年
地上56层，地下4层	260	新鸿基地产（中国）工程管理有限公司	巴马丹拿国际公司 西萨佩里建筑事务所 华东建筑设计院	2006年4月	2010年8月
地上9层，地下3层	50	上海帝泰发展有限公司	美国捷得国际建筑事务所 华东建筑设计院 同济大学建筑设计院	1996年5月	2001年9月
地上28层，地下3层	100	上海浦东香格里拉酒店有限公司	日本观光企画设计院	1995年4月	1998年6月
地上37层，地下3层	100	上海浦东香格里拉酒店有限公司	香港立安 同济大学建筑设计院	2002年6月	2004年5月
地上33层，地下3层	180	上海民泰房地产有限公司	美国KPF建筑师事务所 华东建筑设计院	2005年7月	2008年7月
地上37层，地下3层	158	震旦国际大楼（上海）有限公司	日本日建设计株式会社	1996年6月	1998年12月
地上40层，地下3层	180	上海巴鼎房地产有限公司	日本日建设计株式会社 上海建筑设计院	2002年6月	2005年6月

序号	地块	名称	用途	用地面积（m²）	总建筑面积（万m²）	地上总建筑面积（万m²）	
46	陆家嘴中心区	东亚银行金融大厦（原高宝金融大厦）	办公	8100	8.70	8.47	
47	陆家嘴中心区	太平金融大厦	办公	9300	11.06	9.61	
48	陆家嘴中心区	东方汇经大厦	办公	9298	11.39	8.80	
49	陆家嘴中心区	汤臣一品	住宅	20111	14.63	12.45	
50	陆家嘴中心区	鹏利海景	住宅	24315	11.72	9.80	
51	陆家嘴中心区	金穗大厦	办公	6680	4.90	4.00	
52	陆家嘴中心区	瑞苑公寓（原上海浦东雅诗阁服务公寓）	住宅	15470	3.50	3.00	
53	陆家嘴中心区	中国船舶大厦	办公	6307	4.80	3.90	
54	陆家嘴中心区	世纪金融大厦（原巨金大厦）	办公	8600	6.46	5.16	
55	陆家嘴中心区	陈桂春旧宅	文化		保留建筑		
56	陆家嘴中心区二期	浦东大道141号	办公、文化		保留建筑		
57	陆家嘴中心区二期	永华大厦	办公	3555	3.57	2.84	
58	陆家嘴中心区二期	良丰大厦	办公	4773	2.88	2.67	
59	陆家嘴中心区二期	上海房地大厦	办公	5376	4.09	3.50	
60	陆家嘴中心区二期	上海保利广场	办公	27310	10.34	7.14	
61	陆家嘴中心区二期	浦江双辉大厦	办公	26290	30.05	20.91	

世纪大道中段

序号	地块	名称	用途	用地面积（m²）	总建筑面积（万m²）	地上总建筑面积（万m²）	
62	世纪大道中段	南洋商业银行大厦（原通用汽车展示厅）	综合	3734	1.45	1.45	
63	世纪大道中段	世界广场	办公	8116	8.52	6.36	
64	世纪大道中段	华东电网调度中心大楼	办公	8434	6.96	4.69	
65	世纪大道中段	人民日报	办公	1600	0.50	0.40	
66	世纪大道中段	上海光大大厦（原德加置地大厦）	办公	8371	3.39	2.53	
67	世纪大道中段	陆家嘴1885商业文化中心	商业	5970	1.43	0.74	

续表

建筑层数	建筑高度（m）	发展商	设计单位	建设时间	竣工时间
地上42层，地下3层	180	高鹏（上海）房地产发展有限公司	英国FARRELL&PARNERS设计公司 华东建筑设计院	2006年4月	2009年11月
地上38层，地下3层	208	上海泽鹏置业有限公司	日本日建设计株式会社 上海建筑设计院	2007年12月	2011年5月
地上33层，地下4层	200	上海长大房地产有限公司	美国KPF建筑师事务所 华东建筑设计院	2009年4月	2014年8月
地上44层	153	汤臣海景花园（上海浦东新区）有限公司	台湾GDG建筑设计公司	2002年3月	2007年3月
地上37层	120	上海鹏利置业发展有限公司	华东建筑设计院	2003年11月	2005年12月
地上26层，地下2层	110	上海新金穗实业（集团）股份有限公司	香港冯庆延设计师事务所 华东建筑设计院	1994年7月	1997年5月
地上34层	120	上海瑞舟房地产发展有限公司	中国船舶第九设计院	1998年4月	2001年
地上25层	100	上海瑞舟房地产发展有限公司	美国马丁建筑设计公司 中国船舶第九设计院	1993年10月	1996年6月
地上28层，地下2层	124	中国工商银行	美国JWDA设计公司	1995年9月	1999年
地上27层	99	永华房地产发展有限公司	中国建筑西北设计院	1992年12月	1995年10月
地上27层	97	上海良丰置业发展有限公司	上海高教建筑设计院	1993年4月	1995年6月
地上31层，地下2层	128	上海国安房地产发展有限公司	上海中房建筑设计院	1994年2月	1996年12月
地上30层，地下3层	142	上海保利欣房地产有限公司	德国GMP设计事务所 华东建筑设计院	2007年9月	2009年12月
地上49层，地下4层	215.3	上海瑞明置业有限公司	美国ARQ设计公司 华东建筑设计院	2007年9月	2010年5月

建筑层数	建筑高度（m）	发展商	设计单位	建设时间	竣工时间
地上9层	39	上海通用汽车有限公司	法国夏邦杰设计事务所 同济大学设计院	2003年1月	2003年9月
地上38层，地下3层	199	上海明泰房地产开发有限公司	美国兰登威尔逊设计公司 上海建筑设计院	1992年12月	1997年12月
地上28层，地下4层	129	华东电网有限公司，上海海光房地产发展有限公司	美国KPF建筑师事务所 华东建筑设计研究院有限公司	2008年8月	2011年12月
地上5层	23	人民日报华东分社	上海核工程研究设计院	2001年11月	2002年7月
地上14层，地下2层	60	上海德加置业投资有限公司	上海现代建筑设计院	2005年3月	2007年5月
地上4层，地下1层	18	上海陆家嘴金融贸易区开发股份有限公司	中福建筑设计院	2006年8月	2008年7月

新上海商业城

序号	地块	名称	用途	用地面积（m²）	总建筑面积（万m²）	地上总建筑面积（万m²）	
68	新上海商业城	良友大厦	商办	6141	4.50	4.05	
69	新上海商业城	福使达大厦	办公	2300	1.32	1.00	
70	新上海商业城	三鑫商厦	商办	3497	1.70	1.40	
71	新上海商业城	华诚大厦	商办	3574	1.79	1.36	
72	新上海商业城	内外联大厦	商办	5139	2.63	2.36	
73	新上海商业城	乐凯大厦	办公	5435	4.35	3.72	
74	新上海商业城	新大陆广场	商场				
75	新上海商业城	福兴大厦	商办	3574	2.37	1.94	
76	新上海商业城	新世纪商厦	商业办公	19984	14.48	12.28	
77	新上海商业城	新亚汤臣洲际大酒店（原新亚汤臣大酒店）	酒店	6687	3.80	3.34	
78	新上海商业城	斯米克大厦	办公	6500	3.93	3.04	
79	新上海商业城	胜康廖氏大厦	办公	5320	4.16	3.24	
80	新上海商业城	华申大厦	办公	3202	1.95	1.68	
81	新上海商业城	鑫联广场	商场	11000	3.10	2.5	
82	新上海商业城	银河大厦	办公	6800	3.20	2.56	
83	新上海商业城	远东大厦	商办	8379	4.19	3.02	
84	新上海商业城	生命人寿大厦（银峰大厦）	商办	4909	5.62	5.03	
85	新上海商业城	新梅联合广场	商办	9300	10.46	9.21	
86	新上海商业城	岚桥国际大厦	办公	2541	1.12	0.85	
87	新上海商业城	隆宇大厦	办公	5587	4.13	3.15	
88	新上海商业城	华润时代广场	商办	10244	9.88	8.27	
89	新上海商业城	华融大厦	办公	5733	5.20	4.70	
90	新上海商业城	中融恒瑞国际大厦	商办	10945	10.60	9.23	
91	新上海商业城	鄂尔多斯大厦	商办	17400	6.25	5.13	
92	新上海商业城	上海中融大厦	商场	9481	7.36	6.35	
93	新上海商业城	中电大厦	办公	2864	1.95	1.70	

建筑层数	建筑高度（m）	发展商	设计单位	建设时间	竣工时间
地上28层，地下2层	92.8	上海粮油商品交易所 良华股份企业有限公司	湖北省武汉建筑设计院	1992年6月	1996年7月
地上9层，地下2层	40	石化商厦筹建处	上海建筑设计院	1993年6月	1994年12月
地上9层，地下2层	40	上海市烟糖公司			2006年8月
地上9层，地下2层	39	上海市药材公司	上海建筑设计院	1993年12月	1994年12月
地上23层，地下2层	89	上海市商贸大厦筹建处	上海建筑设计院	1992年8月	1994年10月
地上22层，地下2层	94	上海乐凯房地产开发有限公司	上海机电设计院	1992年12月	1996年6月
地上14层，地下2层	60	上海时装股份有限公司	上海建筑设计院	1992年12月	1994年12月
地上21层，地下2层	100	上海市第一百货商店股份有限公司 八佰伴国际集团有限公司	上海建筑设计院 日本清水株氏会社	1992年9月	1995年12月
地上21层，地下2层	99.9	新亚汤臣大酒店有限公司	台湾曹康事务所 上海建筑设计院	1993年7月	1996年12月
地上18层，地下2层	72	上海胜康斯米克房地产投资公司	美国建筑 江苏省建筑设计院	1993年11月	1996年2月
地上29层，地下2层	93	上海胜康廖氏房地产有限公司	ROCCO DESIGN 中南建筑设计院	1993年7月	1996年3月
15层，地下1层	63	上海新力房地产开发有限公司	同济大学建筑设计院	1993年8月	1996年6月
地上5层，地下1层	23	鑫联房地产有限公司	加拿大PPA建筑师事务所 中国建筑西北设计研究院	1994年	1996年
地上16层，地下2层	68	中国石化销售有限公司华东分公司	中国建筑西北设计院	1994年2月	1998年7月
地上18层，地下2层	71	上海远东大厦（筹）	PPA 上海建筑设计院	1993年12月	1996年12月
地上42层，地下2层	150		PPA 浙江省建筑设计院	1993年12月	1996年12月
地上38层，地下2层	155	鑫兆地产发展有限公司	上海现代建筑设计院	烂尾楼接盘	2005年11月
地上11层，地下2层		上海浦东商业建设有限公司	上海现代华盖建筑设计有限公司	2011年5月	2013年12月
地上27层，地下2层	99.9	上海浦东隆宇房地产开发有限责任公司	无锡市建筑设计院	1996年6月	2000年10月
地上38层，地下2层	155	上海华润有限公司	香港巴马丹拿设计公司 华东建筑设计院	1994年1月	1996年12月
地上27层，地下2层	99	黑龙江工大集团 上海程达投资发展有限公司	中国电子工程设计院	2000年2月	2001年12月
地上20～26层，地下2层	123.75	中融集团 上海中融置业发展有限公司	华东建筑设计院	2004年11月	2006年6月
地上21层，地下2层	98.4	鄂尔多斯集团上海久大置业有限公司	日兴设计 上海兴田建筑工程设计事务所	2004年12月	2008年7月
地上18层	81	上海中融置业发展有限公司			
地上20层，地下1层	76	中电集团房地产开发公司		1993年7月	1995年4月

竹园商贸区

序号	地块	名称	用途	用地面积（m²）	总建筑面积（万m²）	地上总建筑面积（万m²）
94	竹园商贸区	东方金融广场	办公	12331	11.53	9.35
95	竹园商贸区	汤臣金融大厦	办公	7394	5.30	4.10
96	竹园商贸区	裕安大厦	综合	6016	3.90	3.60
97	竹园商贸区	九六广场	商场	26300	6.59	2.90
98	竹园商贸区	众城大厦	商办	6461	3.60	3.20
99	竹园商贸区	齐鲁大厦	商办	7260	5.30	4.60
100	竹园商贸区	明城大酒店（原明城花苑）	公寓酒店综合	9888	5.10	4.40
101	竹园商贸区	宝安大厦	办公	12800	8.50	7.00
102	竹园商贸区	紫金山大酒店（原江苏大厦）	酒店	11071	7.60	6.10
103	竹园商贸区	华都大厦	办公	9570	5.30	4.80
104	竹园商贸区	世纪大都会	商办	37898	27.80	16.25
105	竹园商贸区	云南大厦（原红塔瑞吉大酒店）	酒店	6035	5.30	4.00
106	竹园商贸区	嘉兴大厦	办公	3805	2.80	2.30
107	竹园商贸区	锦城公寓	商住	5386	2.80	2.50
108	竹园商贸区	众城公寓	商住	2125	1.53	1.40
109	竹园商贸区	爵士大厦	商住	13010	5.30	4.70
110	竹园商贸区	宏嘉大厦	办公	10641	6.07	4.26
111	竹园商贸区	中国煤炭大厦	商办	8080	6.20	4.90
112	竹园商贸区	钱江大厦	商办	5231	4.71	3.88
113	竹园商贸区	东方国际科技大厦	办公	4926	4.40	3.60
114	竹园商贸区	中国石油大厦	商办	7289	5.50	4.40
115	竹园商贸区	一百杉杉大厦	办公	5940	4.90	4.00
116	竹园商贸区	中达广场	办公	6018	4.40	3.50
117	竹园商贸区	陆家嘴投资大厦	办公	8325	4.60	3.36

建筑层数	建筑高度（m）	发展商	设计单位	建设时间	竣工时间
地上23，地下3层	99.95	东方金融广场企业发展有限公司 金辉工业房地产发展有限公司	上海建筑设计院	2008年8月	2011年2月
地上25层，地下3层	100	汤臣嘉地（上海）房地产有限公司	张世豪 华东建筑设计院	1993年2月	1995年8月
地上30层，地下2层	99	上海安徽裕安实业总公司	马鞍山市建筑设计院	1991年12月	1995年6月
地上3层，地下1层	15	上海陆家嘴金融贸易区联合发展有限公司	天华建筑设计研究院	2005年12月	2008年6月
26层，地下2层	98	上海众诚实业股份有限公司	上海建筑设计院	1992年5月	1994年9月
地上27层，地下2层	100	上海齐鲁实业公司	山东省建筑设计院	1992年11月	1996年10月
地上28层，地下2层	95	上海陆家嘴金融贸易区联合发展有限公司	冯庆延设计师事务所 华东建筑设计院	1993年3月	1996年3月
38层，地下2层	138	上海宝安企业有限公司	浙江省建筑设计院	1992年12月	2001年1月
地上43层	147	上海江苏大厦筹建处	江苏省建筑设计院	1993年6月	1997年7月
地上30层	99	上海花都大厦有限公司	香港冯庆延设计师事务所	1992年10月	1995年3月
地上16层，地下4层	85	上海陆家嘴金融贸易区联合发展有限公司	美国SOM设计事务所 上海建筑设计院	2008年12月	2015年10月
地上38层，地下3层	140	上海红塔大酒店有限公司	SYDNESS事务所 华东建筑设计院	1998年8月	2000年6月
地上24层，地下2层	100	上海兴嘉房地产开发有限公司	同济大学建筑设计研究院	1993年9月	1996年6月
地上26层	96	上海众诚实业股份有限公司	上海市建材学院	1993年9月	1995年10月
地上27层	96	上海众诚实业股份有限公司	上海市建材学院	1993年9月	1995年10月
地上33层	104	金马房地产开发公司	爱建建筑设计院	1993年7月	1995年10月
地上25层，地下2层	112.09	上海宏嘉房地产有限公司	上海建科建筑设计院	2008年1月	2010年6月
地上34层，地下2层	150	上海中国煤炭大厦公司	华东建筑设计院	1993年10月	1996年4月
地上27层，地下2层	99.7	上海钱江实业（集团）有限公司	上海建筑设计院	2000年5月	2004年3月
地上26层，地下2层	99	上海众达实业投资有限公司	上海建筑设计院	1995年8月	1997年9月
地上33层，地下2层	137	上海浦东华油实业有限责任公司	上海建筑设计院	1994年1月	1997年4月
地上26层，地下2层	99	上海时运房地产开发公司	华东建筑设计院	1993年12月	1997年3月
地上28层，地下2层	99	中达化工联合总公司	华东建筑设计院	1993年12月	1996年12月
地上14层，地下2层	70	上海陆家嘴金融贸易区联合发展有限公司	中福建筑设计院	2009年6月	2011年12月

序号	地块	名称	用途	用地面积（m²）	总建筑面积（万m²）	地上总建筑面积（万m²）
118	竹园商贸区	宝钢大厦	办公	8252	7.20	5.90
119	竹园商贸区	新天国际大厦	办公	6252	5.23	4.74
120	竹园商贸区	远东国际大厦	办公	4298	2.90	2.30
121	竹园商贸区	同盛大厦	办公	6614	4.78	4.40
122	竹园商贸区	城建国际中心	办公	6835	5.99	4.51
123	竹园商贸区	兴业嘉园	商住	6099	3.10	2.70
124	竹园商贸区	双鸽大厦	商办	5515	4.00	3.20
125	竹园商贸区	东方大厦	办公	9021	5.10	4.50
126	竹园商贸区	中国石油上海大厦（原盛大国际金融中心）	办公	9786	11.12	7.83
127	竹园商贸区	中建大厦	办公	9200	9.67	7.47
128	竹园商贸区	全华信息大厦	办公	3300	1.86	1.62
129	竹园商贸区	陆家嘴基金大厦	办公	9900	4.50	3.23
130	竹园商贸区	陆家嘴商务广场（原浦项商务广场）	办公	11400	9.81	6.27
131	竹园商贸区	长泰国际金融大厦（原华东汽车大厦）	办公	9250	5.90	4.80
132	竹园商贸区	SOHO世纪广场（原嘉瑞大厦）	办公	6300	6.05	4.40
133	竹园商贸区	慧聚大厦（上海纽约大学综合楼）	办公	6941	6.40	4.83
134	竹园商贸区	上海期货大厦	办公	9113	7.10	5.60
135	竹园商贸区	新港大厦	商住	6365	3.70	2.90
136	竹园商贸区	香榭丽花园	公寓	39239	12.76	10.99
137	竹园商贸区	通茂大酒店（中国通信产业贸易中心）	办公	6105	5.40	3.97
138	竹园商贸区	中国钻石交易中心	办公	6400	4.92	3.90
139	竹园商贸区	葛洲坝大厦	商办	8174	6.10	4.33
140	竹园商贸区	上海电力公司调度大楼（原银舟大厦）	办公	15037	7.10	5.00
141	竹园商贸区	东方希望大厦	办公	6969	2.66	1.63

续表

建筑层数	建筑高度（m）	发展商	设计单位	建设时间	竣工时间
地上33层，地下3层	130	宝钢集团	江苏省建筑设计院	1993年9月	1997年3月
地上28层，地下2层	99.68	上海新高房地产有限公司	同济大学建筑设计院	1994年5月	1999年12月
地上23层	98	上海集元经济发展公司	ANSHEN+ALLEN 上海建筑设计院	1994年12月	1988年6月
地上25层，地下2层	99.7	上海同盛投资集团房产有限公司	中国北京冶金建筑设计工程院	2003年12月	2005年4月
地上29层，地下3层	120	上海利德房地产发展有限公司	美国GENSLER设计公司 上海现代建筑设计院	2004年1月	2006年6月
地上26层	99	上海兴业投资发展有限公司	上海现代建筑设计院	2001年7月	2003年4月
地上17层	76	上海永生招商发展公司	建筑与都市设计 现代集团	1994年5月	
地上16层	65	内贸部东方物产有限公司	上海建筑设计院	1994年10月	1997年12月
地上41层，地下4层	174	上海盛大基地置业有限公司	美国SOM设计事务所 华东建筑设计院	2006年9月	2009年12月
地上32层，地下4层	166	上海中建投资有限公司	美国KPF建筑师事务所	2005年8月	2008年5月
地上18层	50	全华网络有限公司	上海建筑设计院	1997年2月	1998年3月
地上17层，地下2层	80	上海陆家嘴金融贸易区联合发展有限公司	中福建筑设计院	2008年6月	2011年3月
地上34层，地下4层	156	上海陆家嘴金融贸易区开发股份有限公司 上海陆家嘴金融贸易区联合发展有限公司	美国贝聿铭建筑设计事务所	1996年4月	1999年9月
地上24层	99	上海长甲置业有限公司	华东建筑设计院	2003年9月	2004年6月
地上24层	112.3	SOHO中国有限公司	云南人防建筑设计院有限公司		2011年10月
地上15层，地下2层	72	上海陆家嘴金融贸易区联合发展有限公司	中国海诚科技股份有限公司	2011年6月	2014年6月
地上37层，地下3层	140	上海期货交易所	美国JY设计事务所 上海建筑设计院	1994年12月	1997年10月
地上30层	94	兆安房地产发展（上海）有限公司	林陈事务所 华东建筑设计院	1995年12月	1998年12月
地上30层	94.7	上海龙仓置业有限公司	中国船舶第九设计院	2000年6月	2001年11月
地上36层，地下2层	134	全国通信产业贸易中心筹建办	RSP设计公司	1994年8月	1997年12月
地上14层，地下2层	68	上海陆家嘴金融贸易区联合发展有限公司	美国GP设计公司 中福设计院	2006年4月	2009年6月
地上26层，地下3层	120	上海葛洲坝阳明置业有限公司	同济大学建筑设计院	2006年10月	2009年2月
地上33层	130	上海市电力公司	美国海波建筑设计公司 现代设计集团	1994年9月	2003年12月
地上12层，地下2层	56	上海东方希望房地产有限公司	美国ARQUITECTONICA设计事务所	2004年6月	2007年8月

陆家嘴软件园

序号	地块	名称	用途	用地面积（m²）	总建筑面积（万m²）	地上总建筑面积（万m²）	
142	陆家嘴软件园	软件园7号楼	研发	20000	1.78	1.20	
143	陆家嘴软件园	软件园8号楼	研发	11000	3.27	2.94	
144	陆家嘴软件园	软件园9号楼	研发	10000	4.79	4.07	
145	陆家嘴软件园	软件园10号楼	研发	7100	2.81	2.50	
146	陆家嘴软件园	软件园11号楼（陆家嘴金融服务广场）	研发	90586	9.06	7.15	
147	陆家嘴软件园	软件园12号楼	研发	11933	1.10	1.10	
148	陆家嘴软件园	由由世纪广场	办公	31048	14.81	9.98	
149	陆家嘴软件园	陆家嘴纯一大厦	办公	8213	4.63	3.35	

花木行政区

序号	地块	名称	用途	用地面积（m²）	总建筑面积（万m²）	地上总建筑面积（万m²）	
150	花木行政区	浦东新区办公中心	行政办公	74700	8.55	7.73	
151	花木行政区	上海国际投资集团大厦（原德隆大厦）	办公	18318	2.31	2.17	
152	花木行政区	东方艺术中心	文化	23616	4.00	2.38	
153	花木行政区	东怡大酒店	酒店	28981	2.90	1.85	
154	花木行政区	华银大厦	办公楼	11745	3.45	2.03	
155	花木行政区	银联大厦	办公楼	7650	2.57		
156	花木行政区	汇商大厦	办公楼	3910	2.41	1.99	
157	花木行政区	浦东展览馆	文化	28390	4.55	1.36	
158	花木行政区	浦东检验检疫大楼	办公楼	12150	5.55	4.97	
159	花木行政区	上海国际警察交流中心	教育培训	6450	4.32	3.29	
160	花木行政区	金鹰大厦	办公楼	15358	6.62	5.84	
161	花木行政区	浦东少年宫	文化	39500	3.50	2.85	
162	花木行政区	证大立方大厦	办公楼	5492	4.16	3.50	
163	花木行政区	证大五道口	办公楼	16000	10.59	8.00	
164	花木行政区	上海科技馆	文化	68700	9.80	6.50	

建筑层数	建筑高度（m）	发展商	设计单位	建设时间	竣工时间
地上3层，地下1层	15	上海陆家嘴金融贸易区联合发展有限公司	恒隆威建筑设计公司 影联设计院	2005年9月	2007年10月
地上11层，地下1层	50	上海陆家嘴金融贸易区开发股份有限公司	恒隆威建筑设计公司 影联设计院	2005年8月	2007年5月
地上10层，地下1层	53.9	上海陆家嘴金融贸易区开发股份有限公司	恒隆威建筑设计公司 影联设计院	2005年12月	2008年4月
地上17层，地下1层	78	上海陆家嘴金融贸易区开发股份有限公司	恒隆威建筑设计公司 中建国际设计院	2007年12月	2009年12月
地上20层，地下2层	100	上海陆家嘴金融贸易区开发股份有限公司	恒隆威建筑设计公司 上海经纬设计院	2008年12月	2011年12月
地上8层	39.15	上海陆家嘴金融贸易区开发股份有限公司	恒隆威建筑设计公司 悉地国际（深圳）	2011年2月	2012年7月
地上22层，地下2层	100	上海由由（集团）股份有限公司	华东建筑设计院	2008年	2010年
地上18层，地下2层	85.6	上海纯一实业发展有限公司	广万东（HMA）设计公司 天华建筑设计院	2013年6月	2015年3月

建筑层数	建筑高度（m）	发展商	设计单位	建设时间	竣工时间
地上23层	120	浦东新区政府	日本藤田事务所 华东建筑设计院	1995年12月	2000年9月
地上6层，地下2层	34	德隆国际战略投资有限公司	上海泛太建筑设计公司 中国船舶工业总公司第九设计研究院	1998年	2001年10月
地上4层，地下2层	34	浦东新区文化广播电视局东方艺术中心筹建处	保罗·安德鲁 华东建筑设计院	2002年3月	2004年12月
地上15层，地下2层	65	上海陆家嘴（集团）有限公司	保罗·安德鲁 华东建筑设计院	2005年1月	2007年3月
地上8层，地下2层	30	上海陆家嘴（集团）有限公司	华东建筑设计院	2005年4月	2007年8月
地上10层，地下1层	50.5	上海市浦东土地发展（控股）公司	上海众鑫建筑设计研究院		
地上19层，地下2层	96.1	上海昕商汇房地产开发有限公司	华东建筑设计院	2002年7月	2003年12月
地上10层，地下2层	42	上海浦东新区政府	德国GMP公司 上海建筑设计院	2003年	2004年
地上23层	88	上海商展局	中南建筑设计院	1995年3月	1997年12月
地上27层	103	上海商展局	华东建筑设计院 工业部第一设计院	1995年4月	1998年3月
地上21层，地下1层	99	上海浦东中核大厦房地产开发有限公司	同济大学建筑设计院	2003年8月	2005年8月
地上6层，地下1层	36	浦东新区政府	上海现代建筑设计院	1999年7月	2001年1月
地上21层，地下2层	88	证大三角洲置业有限公司	上海交大安地建筑设计有限公司	2005年1月	2007年5月
地上25层，地下2层	99.75	上海证大五道口有限公司	UDG联创国际 上海精典规划建筑设计院	2005年10月	2008年11月
地上4层，地下1层	50.2	上海市人民政府	美国RTKL国际建筑有限公司 上海建筑设计院	1998年12月	2001年4月

塘东、塘桥地块

序号	地块	名称	用途	用地面积 （m²）	总建筑面积 （万m²）	地上总建筑面积 （万m²）	
165	塘东地块	上海东锦江大酒店	酒店	30000	8.15	7.20	
166	塘东地块	上海东锦江大酒店2期	酒店式公寓	12100	5.57	4.24	
167	塘东地块	香梅花园	住宅	148330	33.70	30.70	
168	塘东地块	陆家嘴中央公寓	住宅	76503	21.96	15.00	
169	塘东地块	东和花苑	住宅	33460	9.94	8.52	
170	塘东地块	陆家嘴世纪金融广场	办公楼	53400	45.80	32.20	
171	塘桥地块	由由饭店（现由由大酒店）	酒店	1418	0.80	0.80	
172	塘桥地块	东樱花苑	住宅		8.00		
173	塘桥地块	上海浦东喜来登由由酒店	酒店			4.74	
174	塘桥地块	喜来登由由酒店公寓	酒店式公寓	37500	21.19	3.27	
175	塘桥地块	由由商业广场	商办楼			7.66	
176	塘桥地块	由由大酒店（现福朋喜来登由由酒店）	酒店			3.49	
177	塘桥地块	金色阳光（老年）公寓	社区配套	8710	1.79	1.30	

会展地块

序号	地块	名称	用途	用地面积 （m²）	总建筑面积 （万m²）	地上总建筑面积 （万m²）
178	会展览中心周边	大拇指广场	商业	52700	11.00	7.20
179	会展览中心周边	联洋广场	商业	25505	6.88	4.66
180	会展览中心周边	新上海国际博览中心	展览	758288	39.32	41.41
181	会展览中心周边	浦东嘉里城	综合	73000	33.00	23.00
182	会展览中心周边	喜马拉雅中心	综合	28893	15.50	9.00
183	会展览中心周边	紫竹国际大厦	商办	13443	5.69	3.60

建筑层数	建筑高度（m）	发展商	设计单位	建设时间	竣工时间
地上50层，地下2层	192	上海东锦江大酒店有限公司	香港协建设计师事务所 上海建筑设计院	1994年1月	1997年3月
地上27层，地下2层	99	上海东锦江大酒店有限公司	美国JWDA设计公司 上海建筑设计院	2006年3月	2008年7月
地上31层	99	金大元（上海）有限公司	华东建筑设计院 黄永沃设计事务所	2002年3月	2005年6月
地上18层，地下1层	70	上海陆家嘴联合房地产有限公司	美国ARQ设计公司 上海现代建筑设计集团	2003年10月	2006年6月
地上24层，地下1层	86	上海陆家嘴金融贸易区开发股份有限公司	日本穴吹设计公司 中建设计院	2005年12月	2008年6月
地上41层，地下3层	190	上海陆家嘴金融贸易区开发股份有限公司	日本日建设计株式会社 中福设计院 悉地国际（深圳）	2009年3月	2014年8月
地上10层，地下2层	39	上海由由（集团）股份有限公司		1987年3月	1990年2月
		上海松下住宅有限公司，由由集团		1995年	1998年
地上37层，地下2层	141	上海由由国际广场有限公司	加拿大B+H，华东设计院	2005年1月	2008年2月
地上21层，地下2层	77				
地上23层，地下2层	107				
地上29层，地下1层	106	上海由由（集团）股份有限公司		1993年12月	1997年5月
地上7层，地下1层	24	上海陆家嘴金融贸易区开发股份有限公司	株式会社日本设计 中福建筑设计院	2012年12月	2015年4月

建筑层数	建筑高度（m）	发展商	设计单位	建设时间	竣工时间
地上3~19层，地下1层	80	上海证大商诚房地产开发有限公司	美国ARQ设计公司 华东建筑设计院	2003年10月	2005年6月
地上4~11层，地下2层	36.2	上海联洋集团有限公司	上海交大安地规划建筑设计有限公司	2006年9月	2008年3月
地上2层	17	上海新国际博览中心有限公司	美国MURPHY JAHN设计公司 上海建筑设计院	1999年11月	2001年11月
地上43层，地下2层	179	上海浦东嘉里城房地产有限公司 上海陆家嘴金融贸易区开发股份有限公司	美国KPF设计事务所 上海建筑设计院	2006年12月	2011年3月
地上17层，地下3层	99.9	上海证大喜玛拉雅置业有限公司	矶崎新 上海现代设计集团	2006年4月	2010年
地上22层，地下2层	100	上海东上海联合置业有限公司	同济大学建筑设计研究院	2007年3月	2009年7月

序号	地块	名称	用途	用地面积（m²）	总建筑面积（万m²）	地上总建筑面积（万m²）	
184	会展览中心周边	永达国际大厦	商办	15085	4.83	4.00	
185	会展览中心周边	东辰大厦	办公	4754	2.41	2.30	

源深地区

序号	地块	名称	用途	用地面积（m²）	总建筑面积（万m²）	地上总建筑面积（万m²）	
186	源深地区	国际华城写字楼（三期）	办公	18153	5.48	4.29	
187	源深地区	上海国际航运大厦	综合	12020	13.83	12.48	
188	源深地区	泰兴广场（中信五牛城）	综合	13931	7.26	6.41	
189	源深地区	珠江玫瑰花园	住宅	24000	9.30	8.00	
190	源深地区	航道科研办公综合楼	办公	8998	2.20	1.94	
191	源深地区	海运大厦	办公	4850	3.84	2.72	
192	源深地区	陆家嘴981号	办公	保留建筑			
193	源深地区	上海建工大厦	办公	8696	4.88	4.35	
194	源深地区	裕景国际商务广场	办公、酒店、服务式公寓	14149	12.55	11.15	
195	源深地区	金隆置地大厦	酒店式公寓	4351	2.56	2.30	

滨江地区

序号	地块	名称	用途	用地面积（m²）	总建筑面积（万m²）	地上总建筑面积（万m²）	
196	滨江地区	财富广场	办公	47350	4.18	1.89	
197	滨江地区	世茂滨江花园	住宅	220668	72.13	63.77	
198	滨江地区	汤臣商务中心	商办	8634	6.32	5.56	
199	滨江地区	上海海航大厦	办公	20800	8.79	5.09	
200	滨江地区	保利国际中心	办公	37000	16.73	9.23	

续表

建筑层数	建筑高度（m）	发展商	设计单位	建设时间	竣工时间
地上22层，地下1层	97.3	上海永达置业发展有限公司	上海吉禾建筑设计有限公司	2005年8月	2007年10月
地上22层	93.2	上海建工集团总公司	上海建筑设计院	1992年12月	1995年6月

建筑层数	建筑高度（m）	发展商	设计单位	建设时间	竣工时间
地上24层，地下2层	99.5	上海华能天地房地产有限公司	大地建筑设计事务所（国际）上海部	2007年6月	2008年6月
地上50层，地下3层	232	国际航运大厦有限公司	加拿大B&W班德国际工程集团公司 华东建筑设计院	1992年5月	1999年7月
地上32层	103.2	泰岳房地产（上海）有限公司	沈乐年设计院 华东建筑设计院	1993年5月	1995年12月
地上24层	70	海南珠江实业股份有限公司 上海房地产公司	上海建筑设计院	1993年12月	1995年6月
地上24层	92.8	上海航道局	华东建筑设计院	1995年3月	1997年7月
地上18层	61	上海海园房产开发公司	上海建筑设计院	1992年9月	1994年12月
地上27层，地下2层	99	上海市第三建筑发展总公司	华东建筑设计院	1994年4月	1996年6月
地上36层，地下2层	127	上海齐茂房地产开发有限公司	上海东方建筑设计研究院	2003年1月	2005年8月
地上31层，地下1层	97	上海金隆置业有限公司	群裕设计咨询（上海）有限公司	2002年5月	2004年6月

建筑层数	建筑高度（m）	发展商	设计单位	建设时间	竣工时间
地上4层，地下1层	24	上海科怡房地产开发有限公司	美国FRANK设计公司 上海建筑设计院	2002年10月	2005年2月
地上55层	161	上海世茂房地产有限公司	马梁建筑师事务所 上海建筑设计院	2000年	2002年
地上29层，地下2层	96.7	上海汤臣黄浦开发有限公司	张世豪建筑事务所	1993年5月	1997年3月
地上20层，地下3层	90	上海大新华雅秀投资有限公司	德国GMP设计公司	2011年11月	2014年12月
地上17-21层，地下3层	80	上海保利建昊商业投资有限公司	美国SOM建筑设计事务所 华东建筑设计院	2012年6月	2014年8月

后记

今日的陆家嘴不是一天建成的。1990-2015，25年间，沧海桑田。那一幢幢高楼大厦、一条条宽畅大道背后，凝结着多少费心的思量、忘我的投入？那一个个火热的日子、一幕幕动人的场景，让多少与这片热土紧密相连的人们，难以忘怀？

一念缘起。如果不是编撰《梦缘陆家嘴——上海陆家嘴金融贸易区规划和建设》这样一套兼顾史料价值和可读性的丛书，我们也许就会错失这样一次与历史精彩对话的机会。

所有的繁华，掩不住最质朴的心。当国外的规划设计师们艳羡中国同行能在有生之年亲历蓝图化作现实之时，曾参与陆家嘴规划编制和开发的建设者们想得更多的是如何才能更少地留下遗憾。"后人永远有比我们更先进的技术和更高的眼光，只要别人肯定我们的用心和勤奋，就已经很满足了"，老开发的话语，自谦中透出最朴素的情感——用心，将个体的命运和荣辱，与一个时代的变迁、一座城的崛起，紧紧连结在一起。

在本套丛书的编写过程中，最让我们感动的，也是这份用心。有一种精神，叫老开发精神；有一种情结，叫陆家嘴情结。它们在陆家嘴的开发建设者们的心中，用心浇筑，历久弥坚。

心有所属，才能心无旁骛。在"陆家嘴"的成长过程中，开发建设者们从未懈怠，一直在思考。当他们意识到，汇聚于此的人们不仅是为了工作，同时也在追求更加丰富、便捷的生活时，继续秉承开发初期"无中生有"、敢想敢做的精神，在科学论证的基础上，不断与时俱进、自我完善：滨江大道改造工程，在满足黄浦江防汛基本功能的同时，引入亲水平台、绿化景观和商业配套；斥资数亿元打造的陆家嘴二层连廊，将人车分流、改善交通的作用，与观光、餐饮、休闲等功能相融合，大楼之间实现的互连互通，也使工作、生活在这里的人们拉近彼此距离……一次次以人为本、因地制宜的实践，为整座金融城平添一道道新的风景，彰显"城市，让生活更美好"。"有苦干才有实绩，有智慧才有神奇，有忠诚才有正气"，这是陆家嘴人的自勉，又何尝不是今日陆家嘴所有成果的由来？

Epilogue

As Rome was not built in a day, so does Lujiazui. Everything has undergone enormous changes for the past 25 years from 1990 to 2015. Every skyscraper and every road is crystallized with endless thoughts and dedication. People closely connected to this precious land would never forget each and every fiery day and moving scene.

If it were not for this series of books with both historical values and readability, we would have probably lost an opportunity to converse with history.

A humble and pure heart cannot be covered by its superficial prosperity. While foreign architects envied their Chinese counterparts because of the chance they had to carry out their blueprints into reality, architects participating in Lujiazui planning were thinking of how to avoid regrets and imperfections to the minimum. "Future generation would always have more advanced technologies and higher visions than that of today's architects. As long as our diligence and hard work is acknowledged by others, we would be definitely satisfied." These words by today's architects show their purity and humbleness. They put their own destiny and glory together with the changing times and a rising city.

It is their devotion for this cause that moves us deeply during the process of editing this series. There is a spirit we call the old developer's spirit, and a complex called Lujiazui complex. They grow deeper in architects' hearts and stronger as time passes.

One cannot be easily distracted with a solid goal in mind. During Lujiazui's development process, architects and developers never got slack on the work, and kept their mind running all the time. They gradually realized people came to this land for not only their career but also a convenient and colorful life. So they kept on improving the planning as time advanced in a courageous and scientifically proving spirit: the reconstruction project of Binjiang Avenue introduced waterside platform, green landscape and commercial infrastructures without compromising flood control function of the Huangpu River; Lujiazui second-floor passageway that cost hundreds of millions RMB successfully separated pedestrians from vehicles to improve traffic. The passageway connected different buildings, which integrated sightseeing, dining and recreation around a single area and sufficiently shortened the distance among citizens living and working there. Every practice aiming at improving people's lives and local environment created new scenes for the entire financial town, perfectly illustrating the slogan "better city, better life". "Hard work brings achievement, wisdom brings amaze, and loyalty brings justice", this is how people of Lujiazui encourage themselves, and the reason Lujiazui thrives today.

　　几十位不同时期参与陆家嘴金融贸易区规划编制和开发建设的亲历者，投身本套丛书的编辑工作，秉承"开发者写开发，建设者写建设"的宗旨，近两年来，他们利用空余时间，查阅了25年累积的数以吨计的档案、资料，访谈了上百位的专家学者、老领导、老开发。在此基础上，反复甄别核对，精心研究编撰，从实践者的角度，对这段历史进行了深入的总结和反思，从而保证其史料性、准确性，同时又具有一定的可读性。

　　无论来自何方，去向何处，在陆家嘴开发建设的日子里，总有一种使命感牢牢牵绊。正是这份使命感，让陆家嘴的开发建设者们始终激情澎湃、继往开来。也正是这份使命感，让这些为金融城精心打磨一砖一瓦、悉心栽种一草一木的"园丁"们，敞开心扉，记录历史，为后人留下宝贵的精神财富。

　　上海陆家嘴（集团）有限公司携手上海市规划和国土资源管理局编撰的这套丛书，不仅如实展现了陆家嘴从一个开发区到一座金融活力城的建设成果，也忠实记录了其政策设计、形态开发和功能实现的实践历程，全面公开了截至2014年底，陆家嘴开发建设进程中的历年数据"家底"。以史为鉴可以知兴替，我们要做的，便是以一种尊重历史的态度，留下真实的印记。这是企业精神的体现，更是面对社会责任时的责无旁贷。

　　一千个人心中就有一千个陆家嘴。它是中国的，也是世界的；是不甘寂寞的，也是耐得住寂寞的……就像有人说的那样，这是一个有生命力的、活的城市，无数人怀揣梦想在这里启程，城市自身也在不断吐故纳新、修筑再生。每一个有幸与它结缘的人，共同的心愿是让它愈发美好。

　　本套丛书的编写，很荣幸得到了曾参与浦东开发的老领导的支持和鼓励。我们将其中历年浦东新区（开发办、管委会、区委区府）主要领导对陆家嘴的讲话摘录编辑成《寄语陆家嘴》，放在本套丛书的首页，以此作为陆家嘴25年发展历程的精华浓缩，也是对今后陆家嘴开发建设的一种激励和鞭策。

Dozens of architects and developers that had took part in the planning and construction of Lujiazui Finance and Trade Zone in different times dedicated themselves to the editing work of this series. They took responsibility of different chapters in accordance with their own occupations, looked into tons of documents and files in the past 25 years during off-work time, and interviewed hundreds of experts, senior government officials and developers. On the basis of these researches, they made careful selections and comparisons to conclude and retrospect the course from their own experiences, which guaranteed the books historical view, accuracy and readability.

No matter where the past came and where the future holds, a sense of commitment have always stayed with us during those constructing days. It is this sense of commitment that keeps people devoting themselves to Lujiazui's passionate development. It is this sense of commitment that keeps the gardeners who planted trees and polished the bricks open their heart and mind to record the history, which would be spiritual wealth for generations to come.

With the cooperation between Shanghai Lujiazui Development(Group) Co., Ltd. and Shanghai Land Resource and Planning Bureau, they successfully showed it to the public the construction achievements of optimizing Lujiazui from a developing zone to a financially active town, and also the practice course of its policy design, morphological development and function realization using data of each year's construction process until 2014. As a Chinese idiom goes, mirror of history can reflect failure and success of the present. What we try to achieve is to record the truth with a respectful attitude toward history. This is a testament to the entrepreneurial spirit and the unshakable social responsibility.

Everyone has a different image of Lujiazui. It belongs to China, and to the world. Sometimes it is quiet, sometimes not. It is a vivid and lively town that evolves and restores every day, with countless people coming here in a hope to realize their own dreams. Each person who is lucky to get to know this town has a common aspiration to make it better.

This series was supported and encouraged by dozens of officials once participated in the development of Pudong District. We selected a few speeches by major officials from Pudong Development Office, Administrative Committee, Pudong District Committee and Government as Wishes for Lujiazui in the first few pages, an epitome of the 25-year developing course and motivation for the future.

与此同时，浦东新区发改委、规土局、经信委、商务委、陆家嘴管委会、浦东改革发展研究院、浦东规划设计研究院、上海市规划设计研究院、同济大学、上海交通大学、现代建筑设计集团、上海期货交易所、上海钻石交易所等诸多相关单位的专家学者、领导以及关心本丛书编辑出版的专业人士，也在本套丛书的编写过程中，无私地给予我们指导和帮助，谨在此一并表示崇高的敬意和衷心的感谢！因为你们，让这段历史更加丰满翔实，更坚定了我们书写这段历史的勇气和信心。

2015年，中国（上海）自由贸易试验区扩区，上海新一轮总体规划明确了今后的发展目标，陆家嘴的开发建设将进入一个新的历史阶段。如果说，1990年浦东开发开放是陆家嘴建设四个中心的历史性起点，2015年则是陆家嘴二次创业又一次新的征程，陆家嘴金融城精耕细作、前滩建设如火如荼、临港新城雏形初现……陆家嘴集团这支上海城市核心功能区域开发的野战军，似乎永远在路上。

总有一种精神，催我们奋勇前行；总有一种情结，令我们义无反顾。这种精神，这种情结，从陆家嘴的老开发们身上一脉相承。无论斗转星移，岁月变迁，建设一个更加美好的陆家嘴，是我们不变的使命和梦想。

李晋昭

2015年9月

Experts, officials and professionals concerned with this series from Pudong Development and Reform Commission, Land Resource and Planning Bureau, Economic and Information Commission, Commerce Commission, Lujiazui Administrative Committee, Pudong Academy of Reform and Development, Pudong New Area Planning and Design Institute, Shanghai Urban Planning and Design Research Institute, Tongji University, Shanghai Jiao Tong University, Shanghai Xian Dai Architectural Design (Group) Co., Ltd., Shanghai Futures Exchange, Shanghai Diamond Exchange also extended to us their selfless assist. Great respect and thanks to all the help we received. It is because of you that we were more determined and confident than ever to make the history real and vivid.

In early 2015, China (Shanghai) Pilot Free Trade Zone expanded its area to Lujiazui with new round of Shanghai overall planning under way. The development and construction of Lujiazui ushered into a new era. While the reform and opening-up of Pudong in 1990 to build the four centers in Lujiazui was the historical start point, the year 2015 would certainly mark the beginning of a new process of Lujiazui's undertaking with financial town, foreshore construction and Lingang City all in their full bloom. Lujiazui Group, field army of Shanghai urban functional zone planning, is always on the road.

There would always be a spirit to push us forward and a complex to let us proceed without hesitation, which passes on from generation to generation. No matter how time changes, to build a better Lujiazui is a dream and a commitment we never cease to fulfill.

Li Jinzhao

September, 2015

图书在版编目（CIP）数据

梦缘陆家嘴（1990—2015）第五分册 建设成果／上海
陆家嘴（集团）有限公司，上海市规划和国土资源管理局
编著.—北京：中国建筑工业出版社，2015.6
（上海陆家嘴金融贸易区规划和建设丛书）
ISBN 978-7-112-18262-6

Ⅰ.①梦… Ⅱ.①上… ②上…Ⅲ.①城市建设－研究－浦东
新区－1990～2015 Ⅳ.①F299.275.13

中国版本图书馆CIP数据核字（2015）第155782号

责任编辑：何 楠 焦 扬 陆新之
书籍设计：康 羽
责任校对：李美娜 党 蕾

上海陆家嘴金融贸易区规划和建设丛书

梦缘陆家嘴（1990—2015）

第五分册 建设成果

上海陆家嘴（集团）有限公司
上海市规划和国土资源管理局 编著

*

中国建筑工业出版社出版、发行（北京西郊百万庄）
各地新华书店、建筑书店经销
北京锋尚制版有限公司制版
北京雅昌艺术印刷有限公司印刷

*

开本：880×1230毫米 1/16 印张：20½ 字数：556千字
2015年12月第一版 2015年12月第一次印刷
定价：**178.00**元
ISBN 978-7-112-18262-6
（27464）